學伴媽媽和玩伴爸爸的教養日記

啟發孩子心流的親子共學

小安老師 洪靜怡 Ann
阿布老師 吳錫豐 Brian ◎著

親子之間距離不要變疏離，要當孩子的伴！
和孩子一起學、一起玩，和我一起成為孩子的學伴與玩伴，
一同在生活玩樂的體驗中自然學習語言、才藝、常識……

陪伴 是親子關係的共同語言
陪伴 是親子溝通的唯一語言

序

讓孩子可以成為他自己，或是你想要的樣子

童年只有一次！

但是有許多的人卻是到了長大之後，回頭發現自己的某一些遺憾，於是就希望自己的孩子能夠為自己完成自己未完成的夢想。

也有一些父母是等到孩子長大之後，才發現自己耗費了所有的時光和心力在工作事業之中，回頭卻發現自己沒有參與到孩子的童年而懊悔。

回憶童年，父母親是用什麼樣的方法和態度來教育自己的？很多人會發現一種很神奇的現象，那就是不管自己接受不接受、喜歡不喜歡父母從前對自己小時候的教育方式，當自己長大成人、為人父母之後，自己竟然也是以當初父母教育自己的方式來教導自己的孩子，用相同的口吻講相同的話！彷彿就是一種自然而然的反射行為，像是一種遺傳、一種輪迴、一種 DNA 似的，重複著相同的教育行為模式，就這樣一代一代地傳續下去～

很少人是在 "成為爸媽" 之前，就已經懂得如何當一位稱職的父親或是母親了，父母的這個角色應該如何扮演，每一個人其實都是到了真正當上父母之後，才開始「學習」怎麼當父母的，因此在家庭教養的這一條道路上，所有的父母其實都是「無照駕駛」，你還不知道目的地在哪兒？就已經開在路上，邊看地圖邊找路了，因此你會循著你曾經見過有印象的熟悉風景，依樣畫葫蘆地將自己童年時的記憶，再一次套到自己的孩子身上。

又或者，因為自己不曾當過父母，對於應該如何教育孩子真的不知所措，所以只好看大家怎麼做？自己就怎麼做......看別的家長或朋友送孩子去補習，就跟著去補習；看別人的孩子去安親班，就送去安親班......結果孩子就在傳統制式化的教育環境下長大，不同的個體卻都用固定的方式安排他們照標準、流程一一照表操課。花很大的力氣讓所有的孩子擁有近乎相同的能力，不具備相同能力的孩子就像是良率不好的成品。每每想到這點，我都會為學習低成就的孩子感到難過，因為他們沒做錯什麼，而是我們給予的方式需要調整。

人生不能重來！每一個孩子其實都有屬於自己的亮點，即使是兄弟姐妹，甚至是雙胞胎，都不會百分百一樣擁有一樣的特質。放大到孩子的學習環境裡的同儕做

比較，一個班級可能有二十幾個孩子，期待老師全能的針對每個孩子的特質給予合適的引導及提供其需要的學習資源是件太為難的事了，所以教育不會只是老師的事，更是父母們對孩子一輩子的責任。

　　孩子年幼無法認知自己要什麼、適合什麼？孩子的將來會成為怎麼樣的人，取決於父母給什麼。然而，孩子真正「可以」成為怎麼樣的人？他有什麼樣的天賦潛能，父母其實應該要以「陪伴」成長的方式，和孩子一同去發掘他的條件與能力，進而去「啟發」孩子將它發揮出來，才能將屬於孩子個人獨特的優點自然地呈現出比其他人更優秀、更突出的表現。

　　這本書，就是要跟新世代的家長分享，在面對孩子的家庭、生活、學校……等等教育問題的同時，如何用共學的方式找到最適合落實陪伴教育的方法，並從理解孩子，協助孩子中獲得更適性的學習教育，可以真正成為「他」自己，未來更能超越「你」自己！

　　受到我心中的偶像嚴長壽嚴總裁著作的啟發，在我們所看到的未來中，教育應該不一樣，我們可以成為改變的起點，帶孩子一起做自己和別人生命中的天使，在世界地圖上找到自己。

推薦序
陪伴---最棒的過程

東海圖書館館長、幸福家庭促進協會秘書長
彭懷真博士

　　學伴、玩伴，兩個精彩、傳神的詞，敘述著當代父母最重要的角色---陪伴，以及最重要的兩項任務---一同學習、一同玩耍。

　　陪伴，爸爸媽媽與孩子相處時，陪是第一要務，陪要有充足的時間、陪要有輕鬆的心情、陪要做配角。「陪」字的造型提醒：先用耳傾聽，然後站著而非躺著坐著，最後才動口說話。

　　「伴」字更傳神，一看就懂，左邊是人，右邊是半，家庭是最能創造相依相伴情境的地方，父母與孩子都是人，不是機器、植物、礦物，是有生命有感覺有思想的獨立個體。雖然獨立，還要與很多其他人搭配。例如男人結了婚，向別人介紹另一半，比較好的說法是「my better half」(我那比較好的一半)。親職關係，親是一半，子是一半，也是「my better half」(我那比較好的一半)，青出於藍而勝於藍是常態。

如何能一代比一代強呢？靠兩大方法---學習、玩耍，這兩者不衝突，反而相互增強。我從今年二月起兼任東海大學的圖書館館長，設法使這個三十多年的建築物變成又能學習又能玩的空間。在此有各種特展、有實體與虛擬的學習空間、有可以躺臥可以嬉戲可以聊天的寬廣中庭。十月十七號早上，來自幼兒園中班、大班的小朋友在老師家長陪同下，到我們圖書館參觀模型、體驗 VR，剛巧三義高中的學生也來打卡，大家都開心。

　　我們也向外出擊，推廣各種親子都能參與的活動，例如；把一些特展遷移到中小學去展覽，把精緻的同學集體借給小學幼兒園，與公立圖書館合作，相互提供資源......。

　　我是幸福的阿公，有孫子、孫女、外孫女，最大的快樂是陪著，當司機當僕人。更希望營造幸福的環境，使更多人幸福。投入中華民國幸福家庭促進協會二十多年，透過上百個方案，陪伴各種家庭，特別看重經濟弱勢、家中有身心障礙者等。所採取的方式之一，就是邀請他們親子兩代一起去玩、一起去學習，最近分別到飛牛牧場、心之芳庭、公老坪等地，大家都開心，營造親子互動的主要策略就是「 一面學習一面玩樂」。

如今有了這本好書，明年無論是圖書館的活動，協會的關懷行動，都有個很棒的工具。謝謝作者讓我先睹為快，提供分享的機會。謝謝拿到這本書的讀者，希望大家都樂在做學伴、做玩伴。

推薦序

自然學習，生活幸福的步調

三個孩子的媽　陳慧文醫師

台北慈濟醫院　台安醫院　中山醫院特聘兒童腸胃科主治
台兒集英診所新生兒髖關節超音波推廣系統特約醫師
台灣小兒消化醫學會資深理監事
專長：兒童過瘦　兒童肥胖　新生兒腸胃及髖關節超音波

真想重新把小孩們縮小　時光倒流來做他們的學伴！

拜讀完這樣認真當父母陪著自己的孩子成長的文章，由衷覺得做他們的孩子好幸福！反觀一般只要是在中國人的社會裡，升學的壓力、各種的課業、永遠補不完的習……曾幾何時，從小對補習最為不屑的我，也不禁讓自己的青春期小孩淹沒在這股洪流當中。

欣賞著一篇篇描述如何讓孩子們參與各種活動的文字及照片，自自然然的就讓孩子學習到國際觀、交朋友、練習外語、懂得付出及感恩等等，不用大聲說教而是陪著以身作則，我也好想調整自己的生活步調學習再多陪孩子一點！

相信父母們看完這些動人的章節，也都會去思考擘畫屬於你們家庭獨特的快樂時光！

推薦序

親子共學教育，找回「家」的幸福

臺中教育大學教育資訊與測驗統計研究所
李政軒所長

下課後，常常在田間奔跑，呼吸著新鮮的稻香；拿著長長竹竿，抓著高聳樹上的蟬；利用樹的鬍鬚，放到紅土操場上的蟲洞，看著蟲從洞裡爬出來。每天都把自己弄得髒兮兮的，回到家總是先挨一頓罵，拖鞋也不知道換了幾雙，掉在哪個天然的遊樂場。每個禮拜最期待就是美勞課，只用剪刀、白膠、色紙就可以把家裡或教室弄成垃圾場，白襯衫就是空白的圖畫紙，到處沾滿水彩、墨汁、廣告顏料。這是我的童年記憶。

下課後，一群小朋友走到公車站，趕往「向上樓」，準備上下午的全英文課；回家後，一家人吃晚餐配著電視。功課做完，讀一本課外讀物、拿樂高組機器人、打開麥塊玩我的世界或者用烏克麗麗彈一首歌。這是我女兒的日常。

「乖！爸爸在忙，自己去看電視或看書好嗎？」，這是我常常跟女兒說的話，相信也是現在雙親家庭常對

小孩說的一句話，陪伴成了一種奢侈。

　　小安與阿布老師五年前開始改變自己，陪孩子學習、玩耍、成長，找回錯過許久的小幸福。並利用文字、照片記錄孩子童年與家長陪伴的點點滴滴，跟讀者分享。這五年來，小安老師、阿布老師與孩子互相學習彼此尊重，透過活動引導孩子的天賦，讓孩子學習為自己負責，建立帶著走的能力。透過自助親子旅遊，培養孩子的世界觀；透過藏寶遊戲，從小健全其財商能力與財務支配的習慣。

　　現代人常忽略家庭教育，忘記家庭教育、學校教育與社會教育要密切配合，才能帶給孩子正確的世界觀、價值觀。透過親子共學，來啟發孩子的心流，根據孩子特質，給予適當學習機會與環境，相當符合十二年國民基本教育強調的「適性揚才」。看完小安與阿布老師的分享，我都開始改變了！你呢？童年只有一次，不能重來，陪伴孩子成長，就從這一刻開始做起吧！

推薦序

育兒道路的導航指標

臺灣糖業股份有限公司畜殖事業部畜產科技廠經理
李宗勳

　　這本書對學前和國小階段兒童的家長會很有幫助，它讓認真的家長～避免用錯力！

　　作者提供很多務實且令人讚賞的做法，例如親子共學，爸媽和小孩一起學習，在生活中一起進步，親子之間自然建立起可長可久的互動性話題和親密關係；情境式多元英語自學方式，家長藉由旅行和任務型活動讓孩子自然學習和使用環境中的英語資源，讓孩子的眼光能看到枯燥的字彙片語背誦的背後所具備的語言學習樂趣，讓「實用價值」這個動機帶領孩子自學各種語言。

　　沒有安親班的午後時光安排令我眼睛一亮，十分佩服作者夫妻的執行力，值得專心在家育兒的媽媽們參考，如何群策群力、按各自學養能力來分工合作的創造出孩子們豐富的課後學習品質。

　　書中提到玩伴爸爸的加入，讓媽媽意識到自己給孩子的設限，以及放手讓爸爸用男孩子的方式帶兒子等等

內容，讓我十分的有共鳴，生活中我藉由羽球帶領兒子學習態度、鍛鍊毅力、培養人我互動技巧，互相成為不可或缺的夥伴。

最後，整本書透露出一位職業婦女如何在家庭、育兒、事之間找尋平衡點的過程和價值判斷，也是很值得所有家庭來參考，此外，在閱讀的過程中，爸爸媽媽們應該也會得到一定的療癒，並且找到最適合你們家庭的育兒模式。我很喜歡本書提到的這個觀念～陪伴孩子才能與時俱進的掌握關於孩子的具體豐富的線索，提供日後教養和了解孩子之用。與各位共勉之，並推薦本書給認真負責的家長們一讀。

目　錄

Part-1 我是不及格的媽媽

Part-2 進步，從改變開始

Part-3 學伴初體驗

Part-4 玩伴爸爸的加入

Part-5 讓孩子從生活中建立帶得走的能力

Part-6 生活美語自己教

Part-7 親子共學生活財商

Part-1

" 我是不及格的媽媽 "

在還沒當媽媽之前，我對自己當媽媽的樣子有不同的想像和期待，而事實上，我在當媽媽的時候卻都沒有做到，其實有失對我自己的期待，但我又是對工作有強烈使命感的人，既然工作是教學，那我就會自我要求去把工作做好。這種矛盾衝突使我沒有把媽媽的角色扮演好。

我從事美語教學已有 18 年了，可是這 18 年來先前大部分的時光，我都是在教其他人的孩子，生活的重心全都付出在美語教學和補習班的事業上，卻反而忽略了自己的孩子，直到自己的孩子要入學了，我才發現自己錯過了陪伴他們最寶貴的時光。

1-1

學科教育的分數不代表學習能力

　　英語教學是我的強項，因此投身於英語教學的這個事業，對我來說，有一份自我肯定的滿足與成就感。

　　我教英文教了 18 年，到現在很多人以為我的英文應該從小就很厲害，或者是出國唸過書之類的，其實我的英文可以算是自學的，我並沒有長時間在國外旅居或是唸書，我是利用生活上的所需去大膽表達，找尋外國人做對談的方式自學而成的。

　　大家可能不知道我以前在校唸書的時候，對英文並不拿手，對我來說，以前在學校，英文只是一個學科，

只是各個科目之中的一個學科項目而已，對於英文學習的印象就是背不完的單字和考不完的試，一點都不感興趣。

和很多人一樣，在求學歷程中我並沒有太多時間去學習認識自己真正感興趣的方向，對我未來有幫助且想從事的工作，所以我是選校不選科，我讀的是醫務管理，在求學過程中我對於學校教的專業知識並不感興趣，所以我很認真打工，除了存錢也讓我提早去接觸社會，適應和學校生活的差異。

我在寒暑假時賣過太陽餅，當過補習班的班導，還到咖啡廳當過外場服務生及負責煮咖啡的吧台，在醫院實習的經驗讓我確定，我並不適合在醫院工作，所以我畢業後找工作時除了醫院，其它的工作都不設限。

第一份白天的正職工作是跌破同學眼鏡的美語幼稚園助教，我印象很深刻，第一天上班看到同事和幼稚園的孩子能很自然地跟外國人用英文交談，我就很羨慕，也很自卑，當時和我一起帶班的主教老師 Joanna 激勵

我，如果我因為自卑不敢面對自己英文不好的問題，那我一輩子都只能羨慕別人了，但反之，假如我願意善用這裡學英文的環境，好好重頭學，我有機會不一樣，當時我發現到學好英文就像多了一項能力，而現在是為了自己而學，沒有考試和背單字的壓力了，完全取決在我想不想要擁有這項能力，於是我明白英文可以不是一個功課或一門考試，我是體認英文真正的實用性之後才有對英文有興趣的。

當我對英文有了興趣之後，我找尋各種方式讓自己在生活上能常常接觸英語的機會，比方下了班之後，我就會和同事一起找外師去吃飯，我們請外師吃飯，但有一個條件，他一定要跟我們用英文對話，我請他們教我英文、我教他們中文，我把自己「放在」一個能隨時接觸英文的環境。

我那時對學習英文的熱衷，是只要出門沒有帶到「翻譯機」，心裡就會感到很不安的那種程度。就像現在的人只要出門沒有帶到「手機」就不知該怎麼辦？在口語

能力提昇之後，我就用我讀書時期打工存的錢，留職停薪到美國遊學。

在美國遊學時我也發現教學方式很不一樣，我們的功課常常是要設計一個廣告文案或是模擬一個情境劇對話，我記得有一次我們課堂上的任務是鄰居養的狗一直吠，吵到我了，我該怎麼跟鄰居反應甚至練習吵架。這讓我體認到英文真的是溝通的工具，學習英文就是要能自然地運用在生活上，而不是死嗑文法及背單字。

有了這份認知後也有了使命，所以我在教英文的時候，也就希望它是非常生活化，讓人真的可以用很「活」的方式自然地學會，因此也就更把工作的心思全放在教學的重心上。

但是這樣的情形卻反而讓我忽略了自己的孩子！

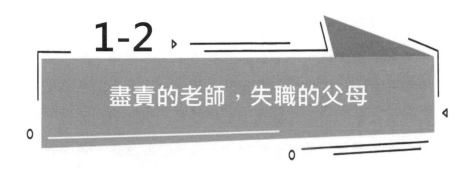

1-2

盡責的老師，失職的父母

　　由於補教這塊領域做到順手，經驗和能力愈來愈成熟之後，也就和幾個老師一起合夥開設補習班。

　　補習班開立之後，就不單只是教英文而已了，而且也不只像安親課輔或才藝班那樣比較單純，因為我們補習班有國小和國中部，畢竟是補習班，還是得要滿足家長對學生的成績期待。所以每到月考前，週末都還會全天留班複習。而且除了負責幼兒、兒童美語教學，為了落實故事情境教學，我們還有經營兒童美語劇團，我們想讓家長認同故事話劇是學習生活美語的方式，當家長看到孩子可以一齣戲表演一個多小時，不止多學習到合

作統籌及劇場教學，同時展現外語能力，孩子們都在這樣的經驗中獲得不同的成就，有些孩子在學校可能不是很會考試，可是他可以在舞台表演時，把每段劇情的呈現都做得很到位，在話劇演出的時候，每個角色都很重要，並不是每一個孩子在台上都有很多的台詞，但是在彩排對戲的過程中，可能把整齣戲的台詞都背起來了，孩子在聽到某一個關鍵字的時候，他會立刻知道下一句是什麼，而且下了戲之後，在生活中遇到和戲裡相同的情境他也能夠很直接的用英文回應，戲裡的對話就變成他很自然的口語反應，這就是我們所希望的，讓孩子從過程中認識不同面向的美語，不是只能用在考試上，而是生活溝通的能力。

經營兒童美語劇團，每年都會準備大型的美語話劇公演，所以接近公演時六、日常要彩排，可是支撐我們做劇團的收入來源是安親兼文理補習班，為了滿足家長們對月考分數的期待，因此補習班月考前的一兩個週末都會安排讀書營，陪孩子們複習念書。

平日的課就很滿了，週末會比平日更忙，寒暑假更辛苦，從早上就要上課上到晚上，希望孩子寒暑假的課程更多元，就要花很多心思事先規劃，寒暑期上課真的是腦力和體力的大考驗，除了要能滿足招生的訴求效益，課程也要真正辦得好，因為當期寒暑假課班的教學反應及成效，會影響到下一個寒假或暑假的招生狀況，它是一年影響一年，一直不停在循環的。

　　也就是因為這樣，更讓我不可能鬆懈得下來！

1-3

假日父母，週休仍想待在爺爺奶奶家

我們花費太多心思在補習班的教育上，讓我們陪伴小孩的時間不夠，身體上的疲累讓我一回到家看到孩子，真的只想趕快讓他們洗澡睡覺，自己才可以趕快洗澡睡覺，長期充滿著一種矛盾，心裡面會想多陪伴他們，但是時間跟體力真的不允許。

因為週末常會更忙，所以都是請爺爺、奶奶、阿公、阿嬤來補習班接兩個孩子回去照顧，孩子久了也就跟我們沒有那麼親，因為孩子習慣了和爺爺、奶奶、阿公、阿嬤在一起，反而不喜歡跟我們了。

有時候當我們忙完，要去接孩子回來的時候，心裡都很過意不去，為了避免他們還想賴著爺爺、奶奶、阿公、阿嬤，不想跟著我們回家的尷尬，我們常會買一些玩具去討好、利誘他們，避免接孩子時的哭鬧。那時我還蠻感謝百貨公司有「遊戲愛樂園」這樣的空間，偶而有多的時間，可以讓他們可以在那裡玩一兩個小時，無奈的是，這是我們當時唯一能陪他們玩的機會及場所。

　　可是吸引他們的並不是父母親情的關係，而是一種物質的誘惑，不知不覺我們變成用遊樂園的誘惑去綁架他們的情感，想要把玩具當做是父母沒有盡責陪伴他們的一種補償，另一方面其實也是當時我們做父母推卸責任的一種心態。

　　我思考如果持續這個樣子的狀態或許兩邊我都做不好，那麼我是不是要做一個取捨，回到自己做媽媽的角色？我媽媽也問我：「選擇當一個女強人，而犧牲了家庭，妳覺得划算嗎？」

　　我發現這樣工作下去的結果並不是我喜歡的，我們

陪小孩子的時間太少，孩子都不太想跟我們，竟然還要用利誘的方式讓他們願意跟我們回家，這個點讓我省思到～「我怎麼會連最基本的角色都沒有做好？」這感覺真的很糟。

1-4 ▸

錯過孩子學齡前的成長陪伴時光

　　理智面告訴我們這是錯誤的做法，但當時的我們真的想不到更好的做法，去消除掉我們對孩子的愧疚感，直到我們決定正視這個問題的癥結點，我們被工作綁架了！

　　因為工作，自己在事業上忙碌，兩個孩子則是交給保母來帶，一般保母都會幫小孩洗好澡才讓家長帶回家，可是當時我是堅持不讓保母幫孩子洗澡，再累我都堅持要自己帶回家裡親自幫他們洗澡。除了幫小孩洗澡跟他們多些互動之外，補習班的班務雖然常忙很晚，但我都努力不錯過晚上 10 點經過清水平交道的那一列火車，因

為孩子很喜歡看著火車轟隆隆地經過平交道，而我們陪他一起看火車是兒子每天最開心的事。我們很努力，但能做的很有限。

　　當時補習班的事業可說是蒸蒸日上，我知道當補習班的規模持續擴大的話，我們必須投入在工作上的時間就會更多，這是一個惡性的循環，我發覺當我把心力放在工作上愈多，離家人的距離和感情就愈遠，我不喜歡這樣的感覺，我發現自己錯了，如果不正視這個問題，不做任何改變，它就像是一個漩渦一樣不斷地把我們帶入深處，終將還是會滅頂。

Part-2

進步，從改變開始

因為工作的壓力，同時又犧牲了陪伴自己孩子的時間，我們決定要離開補習班，在放掉原本的工作事業之後，我們選擇先回歸家庭，重新思考可以與孩子一同相處的教學方式，專心說故事。做這個決定的時候，很多身邊的朋友都不能理解，很多人都問我們：「為什麼要放棄一個苦心經營，從 70 幾個、到 200 多人的補習班，然後再重新從零開始？」，「好好的舒適圈不待，跑去做一件很冒險的事情。」而且我跟我先生是同進退。大家看到的是我們外在擁有的。卻不知道我們失去多重要的。

　　在教學的路上一直支持我和先生的動力是看到孩子們快樂學習的笑容，這也讓我們有了莫名的教育使命感，所以為了讓小朋友們能有更多元的學習方向，也因為原本自己的專長就是在美語教學的這一塊，所以自我和先生一起從補教安親的機構退了下來，我們決定回到「家」的單位另外重新開始，從英語故事教學再出發，隨著空閒的時間變多，我們有時帶著孩子參加不同的手作體驗

課，有時騎著親子腳踏車帶孩子到田野吹風，有時候就只是看著他們在一旁玩耍而已，但有著一種說不出的快樂，孩子們也喜歡我們都陪在身邊。雖然只是很簡單的幸福，但卻是我們之前錯過很久的，很開心我和老公很勇敢的找回這份幸福！

陪孩子慢活玩耍

讓孩子從參與中獲得學習動機

陪孩子上烘焙課

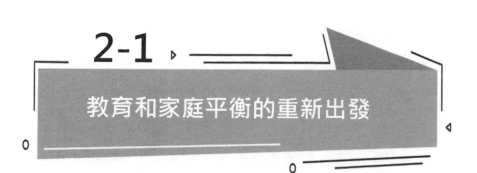

2-1

教育和家庭平衡的重新出發

　　為了可以陪伴孩子，我們設計了可以讓孩子一起參與的美語故事話劇課程，重新出發回到台中做推廣，因為本來的補習班在清水，所以許多的家長跟資源都在那個地方，當我們回到台中要去推廣故事課程的時候，沒有人認識我們，我們要去和學校談合作的第一步是新的挑戰。

　　我們以前不用擔心工作收入，還是去面試老師給機會的主管，變成自己要勇敢去爭取可以上課的機會，去教一個大家覺得應該不需要的課程，這是一個很大的挑

戰！因為沒有開班就沒有收入，由於幼稚園的課程規劃是以學年計算，壓力最大的是，我們離開的時候是六月，如果沒有在七月開學前談到合作學校的話，我們就要等到明年才有開班機會了，一整年的空窗期對有兩個孩子要養的我們是非常可怕的事情。所以這就是當初很多人不能理解我們為何要做這麼冒險的事，但我們很開心，雖然面對的可能是更大的壓力，但我們找回來了原本所嚮往的家庭生活。

2-2

讓孩子一起參與的大嘴鳥故事話劇

　　我們都去跟連鎖規模的幼稚園談才藝合作，但是要去談合作的時候，主管們很納悶……「聽故事？我們老師都會講故事！」、「美語故事？我們都是外師啊！」、「家長為什麼要讓孩子再花錢上這個課程？」所以我們花了很多時間讓學校主任看到課程的不同及價值。在招生的時候，我們也花很多的心思跟家長在教學觀念上雙向溝通，我們設計很多的教具，運用很多的道具，讓孩子從參與話劇情境活動中學習英文，孩子們都喜歡玩故事，但沒發現他們也玩的當下學英文。

　　一開始學生不多，但我們就是盡可能地讓家長看到

課程的價值，每次上課孩子們都很開心的從參與故事情節活動中，快樂地操作我們手作設計的道具。我們會拍照紀錄，分享到粉絲團讓家長知道孩子在課堂上參與了哪些有趣的故事，每堂課上課前讓家長們從學習手冊中看到上一堂課的照片，及這一堂課要上課的故事，於是家長們看了孩子的照片，還有這麼多的道具，都會好奇又驚豔。

家長會問孩子：「怎麼會有這顆大西瓜？這是要做什麼的？」

孩子：「我們在演一個『小老鼠種大西瓜』的故事。」

「我們真的把西瓜挖空，還可以坐西瓜船……」

家長們都驚訝的肯定：「竟然有這樣的故事課！這麼多的道具！太有趣了。怎麼會有這麼特別的課程？」

結果第二個學期就大爆滿，我們也很開心努力獲得了肯定！

不止是在學校，在圖書館也看得我們帶著家長陪孩子一起玩故事

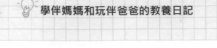

2-3 ▸

思考安親班的另一種選擇

　　我們家有兩個孩子，在孩子要上小學前，我發現入學不像育兒保母那樣單純了，學校會有寒、暑假，小一、小二上學也都只是半天，我們必須幫孩子安排離開學校之後的其他活動。

　　我們雖然只是就讀一般的蒙特梭利幼稚園，可是當他們倆同時上幼稚園，加上哥哥很愛學才藝，常會說：「媽媽我要學畫畫、我要上街舞課、我要學跆拳道、我想去上英文科學課……。」為了滿足他的學習慾望，豐富他的學習視野，除了我自己教英文之外，我還讓他去接觸我以外的美語老師，因為我希望他有機會以學習新事

物的方式跟不同老師對話，不是只有跟我講英文，但有
這麼多的課，我們又要堅持孩子可以獲得真正好的學習
體驗，如果每一個都要上，那費用加起來很可怕，因為
哥哥有，弟弟也要有相同的學習權利。

　　雖然他們上的只是一般的幼稚園，可是他們倆同時
上幼稚園再加才藝課，光是教育費平均一個月就要
45,000 塊，我們覺得這樣持續的開銷是很可怕的，一定
要有解決的方法。

2-4▸

陪伴參與孩子的學習

　　我後來想「學伴」或許是個不錯的辦法，當時我想提供一個共學環境，由我去找師資，學伴家長一起分擔老師的鐘點費，我的負擔就會小很多。我讓孩子有一個和教育理念相近家長的孩子們共學的機會，而且還可以將老師請到家裡，我也可以跟著一起學習，這不是解決我想陪孩子學習又減少開銷的好方法嗎！

　　我之所以會有課後共學學伴的想法，是因為以前開補習班的時候，看到家長因為工作關係，孩子放學下課

後被帶到安親班來，想到孩子從早上七點半出門，一直
學習到下午在安親班待到近七點，我實在是捨不得讓自
己的孩子也去安親班，我也不想小朋友在安親班就是一
直做功課，功課做完又再寫評量，一直不斷在寫字。這
是很多雙薪家長無奈的選擇，到底孩子上小一下課後的
時間我該怎麼安排？我決定找一些教學理念跟我相近的
家長一起想辦法。

　　我覺得我真的很幸運，因為離開補教安親事業後我
和先生決定投入幼兒的美語故事話劇教學，在這個領域
就有機會接觸到許多孩子年齡相近的家長，在跟家長聊
天的過程，我可以觀察哪些家長的想法跟我比較契合，
教學理念相近。於是我就跟這些家長說：「小朋友之後
就上小一了，我不想帶他們去安親班，我有一個想法，
我們來做一個『共學的學伴班』，如果你很會烹飪，你
就是固定禮拜幾教孩子們下廚，引導他們獨立完成，如
果你很會縫紉做小手工的話，你就固定教這個，而我會
教英文，我先生可以教科學實驗和帶體能活動。我們看

每個媽媽會的是什麼？每一個媽媽負責出一道課程，一起讓孩子們放學後的時間都有非學科的學習體驗。」

「孩子離開學校之後，下午學的東西跟考試無關，但是他們會很豐富，整個過程都可以陪伴他們，也可以近距離觀察每一個孩子的特性是什麼，家長和學伴成員都是我們彼此熟悉信賴的。」這是一開始的想法！

很多爸爸媽媽都很喜歡這個提議，但是他們都說：「我們要上班，沒時間參與教學，不過這樣聽起來很棒，就由你們統籌規劃吧！」

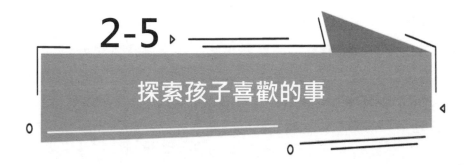

2-5

探索孩子喜歡的事

　　為了能給自己的孩子獲得不一樣的學習體驗，我們規劃設計不同面向的學習課程及生活體驗的活動，提供同校及附近的家長帶他們的孩子來一起參與。

　　學伴課程規劃和師資的挑選，也是自己陪伴孩子從生活體驗中找到方向的，我們觀察孩子喜歡什麼，就去找這樣的學習資源，在帶孩子去露營中我們發現，哥哥很喜歡觀察昆蟲，每次去露營他都被不同的生物吸引，所以我就去找一個很厲害的生物老師，黃詩宇老師真的

很棒，他可以在上課的時候帶來很多你無法想像的東西，讓大家可以近距離的觀察和接觸，不管是標本也好或是真正的昆蟲、動物，甚至連浣熊都有。

有一堂課他上的是動物的「足」，介紹腳的結構，動物的腳有很多不同種類結構是不太一樣的，在課堂上他給我們看一個東西，很粗、很大，他讓大家猜看看是什麼動物的標本，結果是長頸鹿的！然後他又再問：「讓你們猜猜看，這是長頸鹿腳的哪個部位？」

「我想應該是大腿吧！那麼大又重。」

他說：「那是牠的腳趾。」

我說：「怎麼可能腳趾！這麼長！」

他說因為牠們走路的部位跟我們的部位不一樣，那個部位算是他們的腳趾，完全超出所有在場家長和孩子們的認知。

黃老師歡迎親子共學，但很要求秩序，他可以講得非常深入，包括這個動物的學名源由及在不同棲息地的

差異，例如：「為什麼響尾蛇叫 rattlesnake？rattle 是什麼意思？」他會從頭到尾將始末都解釋得很清楚，光一個響尾蛇的種類就會因為不同國家、不同區域而有不同的品種，差別在哪邊他可以非常鉅細靡遺。

第一堂共學學伴生物課

露營是學習自然觀察及探險互助的好方法，用孩子的角度去看生活中的驚喜

　　他總是這麼說：「課本上的答案永遠都要保留參考的態度，因為從研究到出版經過的時間可能又有新的發現推翻原本的認知了。先引起孩子對生物的興趣，保持批判思考！」如果能夠先引起孩子的學習動機，就會想繼續學習，之後就會因為持續學習的進步累積成就感，形成好的循環，如果前面引起不了興趣，那自然也不會延續啊！這真的讓我和共學的家長們再認同不過了。

2-6

陶冶情緒的音樂課 " 烏克麗麗 "

　　我們一直在思考孩子們需要什麼，哪些能力在面對未來的他們是必要卻容易被忽視的。我們覺得，孩子在人生路程中，一定會遇到感覺低潮的時候，所以我們希望能夠幫他們找到一個可以自我舒解壓力和轉換情緒的方法。像我們大人在工作和生活上有時也會面臨壓力，需要有自我抒壓的方式，孩子們將來長大也一樣，要學會處理自己的情緒和壓力，找到屬於自己情緒的出口，這是很重要的事，而音樂和藝術就是最好的一種療癒，所以最開始的「學伴」規劃，就是讓孩子可以從小就培養對音樂和藝術的演奏及鑑賞能力，我想要幫孩子們找

可以共同學習又有趣的內容。

　　不是每一個小孩都有優秀音樂的天份，很多家長一開始讓孩子接觸音樂是從鋼琴或小提琴，在這學習的歷程中會有些檢定和比賽，幫助家長檢視孩子的學習成效，要通過這些檢定和比賽往往要再學習樂理的知識，對我來說，這對於想培養孩子學習音樂的熱忱並不是最好的選擇。因為對家長來講，如果讓孩子去學鋼琴或小提琴，又希望孩子能想到就練習，不僅是學費要投資，還要再買樂器，一把小提琴或一架鋼琴的費用都不便宜，當你已經付了學費又買了樂器，你對孩子的學習期待就會提高，標準也會提高。

　　為了讓我們以輕鬆的方式讓孩子接觸音樂，而不是在高壓的狀態下學習，我們選擇讓孩子先學烏克麗麗，一千多塊的烏克麗麗，不會讓我們在一開始就因為先支出大筆的樂器投資而給孩子不能不學好的壓力，就是因它沒有很貴，當擺飾也很 OK，而且它真的很好上手，孩子很快就獲得成就感。

沒有安親班的孩子，第一堂課後學伴課"烏克麗麗"，學期末合唱合奏成果展

　　讓孩子接觸音樂課程的目的，並不一定要在短期間看到孩子在樂器演奏的能力有多耀眼，而是要他們能在聽到音樂的時候也能跟著彈、跟著唱。所以我請老師教孩子們彈一些爺爺奶奶熟悉的懷舊民歌或是我英文課教的英文歌曲，爺爺奶奶會是最忠實的歌迷。孩子們能自彈自唱英文歌也會覺得自己很酷。我希望他們能在生活裡找到讓自己快樂的方法，培養能讓自己快樂的興趣。真的發現孩子在音樂領域有天份，再評估其它可以投資孩子學習音樂的選項。對家長來說是幫助他們把錢花在刀口上，也省得有家長硬給資源及孩子抗拒學習的問題發生。

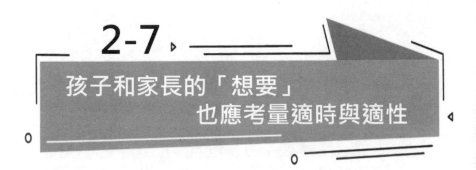

2-7
孩子和家長的「想要」 也應考量適時與適性

　　我們剛開始學伴只有五、六人而已，在這個過程中有遇到一些家長跟我說，我們家小朋友適應國小和安親班的生活很辛苦，在陪伴孩子配合學校和安親班的學習要求時很容易造成親子間的摩擦，他不知道該怎麼辦！

　　我問家長：「我問你，如果是你，在學校上了一上午的課，下午待在安親班寫作業和評量，待到傍晚才能回家，你會想去安親班嗎？如果你是小朋友，會喜歡安親班對課業及考試成績的要求嗎？」

　　當家長站在孩子的角度思考過後，才知道造成親子摩擦的問題出在哪？

就這樣陸陸續續一些家長會問：「那你們不去安親班的時間，孩子們都在做什麼？」、「我們可不可以加入學伴行列？」學伴課程的成員也慢慢變多了。

　　不過在這個過程中，當然還是會有一些家長可能會面臨抉擇，學校老師對孩子學科成績不如預期而要求讓孩子上安親班。有一個學校老師跟學伴家長說：「你們孩子學科成績沒有達到我們預期的分數？這樣會把班上平均成績拉低了，請送到安親班做課後加強！」也因此學伴不會一直維持固定成員。

　　我們面臨現實的教育環境就是這個樣子，有時候你覺得好的學習，不見得可以立即獲得絕大多數人的認同。我們落實學伴的想法，真的只是想要讓孩子們課餘的下午時間是比較豐富的，所以我們並沒有想要在成立學伴的過程中去硬湊人數，人數多少並不是重點，我們都跟幫學伴上課的老師溝通：「人數不是不變的，老師的鐘點費也會隨著人數變動而有些調整。」我很感恩所有的老師願意支持我們成立學伴的初衷，全力配合，我們沒

有聯絡簿，只有 line 群組，每週老師都會在群組分享孩子上課的照片及影片，聊一下孩子的學習狀況及課堂趣事。就這樣學伴課程一直持續到哥哥升高年級才結束。因為孩子都讀整天，只有禮拜三讀半天時參加學校的運動社團。這就是我們「學伴課程」的開始及結束。

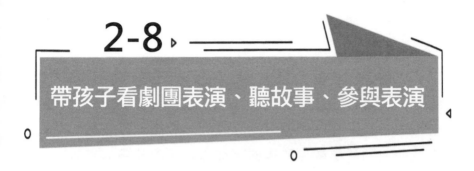

2-8 ▸
帶孩子看劇團表演、聽故事、參與表演

　　因為我們做美語劇團規劃美語故事話劇課程，所以很喜歡帶孩子去看劇團表演，很可惜在台中的劇團表演頻率其實很低，因為看的人不多所以票房不好，有時候我們必須帶他們到不同縣市去看。從看劇團表演中跟孩子討論一場舞台劇的呈現，從劇本編寫到道具和音樂的製作及場地和燈光的配合，需要經歷多久的練習，多少人的共同努力，所以我們要用很感恩的態度去尊重台上演員及幕後的工作人員。

　　從補教安親轉換成故事話劇教學，我們在規劃故事

話劇課程初期，跟說故事達人「張爸爸」學習說故事技巧。

　　我們是特別跑到台北去學說故事技巧，我們很喜歡張爸爸跟孩子講故事的方式，我們覺得他和孩子互動方式就是我們所喜歡且欣賞的，從跟孩子說故事的措辭，到不設限的引導孩子在故事中討論及互動。都是張爸爸讓我們從打破既有教學框架從中學習到的。到現在張爸爸還是我們心中最棒的說故事達人，張爸爸除了有故事屋可以聽故事，每年張爸爸故事屋也都有故事話劇表演，每次推薦家長帶孩子一起去看，都會獲得很棒的迴響，雖然他們做的道具背景不是像大型兒童劇團那樣精緻細膩，但他們在故事話劇中和孩子們的互動及幽默的呈現方式都是我們很喜歡的。

喜歡帶孩子看不同的劇團表演

張爸爸故事屋故事劇場表演

　　兩個孩子跟著我們長期接觸故事話劇，從觀察我們的教學到參與我們的故事話劇，後來我們也會和不同的圖書館或公家單位合作，有時也會讓孩子一起上台，我

跟兩個孩子說：「現在你們也參與故事話劇，要演其中一個角色，這時候你們也在工作喔！也是員工喔！所以這個時候你們要怎麼演什麼角色......」

因為他們都有看過表演，他們也知道上台應該要有什麼樣的態度，當這是份工作時，我們會要求他們要思考該做什麼、教他們如何扮演好自己的角色，這時候應該怎麼樣......我們希望他們不要害怕上台表現自己。

「你們跟著我們去演出故事話劇的過程就是在工作，做得好我們有員工旅遊，有員工聚餐喔！雖然我們可能不是發年終獎金，但年終有獎品喔！」

孩子從過程中會發現原來當員工有時會被責備，因為我們跟孩子說在工作時沒有做好，老闆是會生氣的，可是有好表現，老闆也會給你肯定。

有一次我們受邀要到金門去演出，他們就說：「哇～這是我們第一次要坐飛機去工作，而且是去參與演出的。」雖然只有上兩天課，可是對我們來講也順便去金

門玩三、四天，他們從這個過程會更了解我們的工作，並且能夠一起幫忙，孩子知道我們是靠這樣的方式去賺取生活所需的收入，而他們可以從參與做道具或者上台，一起分擔我們的工作。

有時孩子也跟我們一起上台表演　金門、圖書館、親子館、學校…

2-9 ▸
讓孩子學習從分擔家務中培養責任感

　　孩子自從一起參與故事話劇課程之後，因為知道我們要忙著做話劇道具及討論教案，所以他們也開始學習分擔家裡的家事，我們從很簡單的家務協助開始，我會跟小朋友說：「你們可以幫我完成送襪子回家的任務，找出二隻一樣的襪子捲起來，一起放到衣櫃裡。」，「你們可不可以幫我把爸爸、媽媽和你們的衣服分開放，自己折自己的小褲褲和衣服。」，「一人一個拖把，看哪一個國王的領土最乾淨」

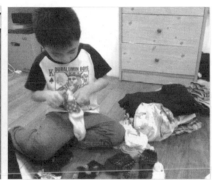

學習從分擔家務中培養責任感

　　我都把家事拆成很小檬，讓他們可以去嘗試自己或協力完成，但在事前我會先將雛形弄好，鼓勵他們從觀察模仿中，學習自己動手，並跟他們說；「謝謝你願意跟我一起做，這是家事的一部分，你們有能力可以一起分擔是很棒的事。」

　　他們不只會幫我分擔家事，也會幫我分擔工作，我們一起在家的時間變多了，他們一起跟我做教具，幫我分類、收納，有時候幫我替道具上色，有時當我的小模特兒，他們總是第一位參與教具操作體驗的孩子，也在這過程中落實小幫手的所有任務。

一起陪同做教具，孩子們都有不可教人小看的能力

2-10

萬聖節造型 DIY，與孩子一起陪同做教具

　　我不喜歡萬聖節買現成的東西，我會帶他們一起自己動手做，在自己動手 DIY 的過程中，造型裝扮是爸爸媽媽陪他們一起想、一起做的，不用花到錢去買現成的東西，他們也會肯定自己是有創造力且具有合作完成一件事的能力，有時候我們會偷偷加工完成比較精細的部份給孩子驚喜，這也是我們表達愛他們的作法。

　　孩子想要什麼，不一定只能用買的，想要的東西其實可以用做的，因為我們喜歡動手做教具，有時候自己做的教具因為是外面買不到的而更有成就感，我們希望

孩子能感受到這一份透過自己動手和創意而產生的自我認同。

孩子真正想要的，有時候並不一定是現成的玩具，如果可以靠自己的能力去把一些平常的素材變成他要的東西，他也會覺得很特別、很有成就感，在這個過程他如果有辦法參與會很好，如果能力還不夠或沒辦法參與的話，看到你這麼投入在做，他也能感受到你的用心。

反之，如果孩子習慣了只挑現成有的東西，不需要動腦，也會讓孩子覺得：「如果缺什麼，只要買就好了；想要什麼東西，反正要就有了！」

我不想給他們這種觀念。

愛從生活中的用心去展現
孩子的萬聖節造型我都自己動手做

Part-3
學伴初體驗

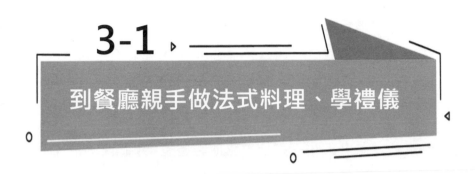

3-1

到餐廳親手做法式料理、學禮儀

　　我先生（阿布老師）的哥哥是開法式餐廳的，有一年寒假的學伴課程，我們就真的帶孩子們去餐廳，請主廚老師教小朋友自己動手做一道料理，就這個體驗來說，平常在家裡爸爸媽媽大都不會讓孩子去動刀、動鍋、動碗盤的，所以對這些小學伴們，有些真的是他們第一次進廚房，而且是非常專業的廚房。

　　我們帶孩子去餐廳裡面學習怎麼樣點餐以及自己做一道法式料理，還學習很標準的西餐禮儀，帥氣的主廚帶領孩子們一個步驟接一個步驟地做「法式三明治」，

孩子們聽過法式土司，但完全不知道法式三明治，看主廚俐落地示範怎麼做白醬，他們才知道原來「法式三明治」跟我們認識的「法國吐司」是不一樣的，配料用的白醬也很特別，自己完成的料理總是特別好吃，加上有專業的主廚老師在一旁指導協助，爸爸媽媽和孩子們都非常滿意他們的成品，全部吃光光。

在這個過程中，主廚老師也指導孩子們認識西餐的用餐禮儀，這些可不是在學校上課可以學習到的內容及體驗，而且之後去餐廳用餐時，可以提醒孩子，你記不記得怎麼吃最好，最優雅?有家長還跟我反應，上完課去餐廳吃飯，換孩子會提醒他們注意刀叉要怎麼拿，吃完要擺哪裡！這些細節和態度在體驗過程中，孩子從生活化的學習中瞭解了，也讓親子之間增添了很多共同話題，在日常生活就會減少很多的指責、爭執，溝通上也更容易達到共識。

到法式餐廳
Restaurant Go
學習做法式料理

用餐前
先學習西餐用餐禮節

3-2

你喜歡什麼？孩子就會學什麼？

　　我喜歡畫畫，畫畫讓我能暫時放下工作上的壓力，在創作的過程中我會感到平靜且放鬆，所以我希望孩子提早接觸創作帶給我的美好，我們很早就陪孩子上幼兒親子美術課，後來搬回台中也遇到很棒的老師，學伴課程挑選的美術老師也是我觀察很久決定的，這位美術老師(蘋果老師)很特別，假設在創作前的引起動機是分享相關主題的故事，她會先讓孩子從故事中去認識裡面的角色，從繪本帶孩子一起欣賞它細膩的地方。形容自己對不同畫面的感受，然後示範她怎麼做，再來就會讓孩子

去用他們自己的方法去嘗試，她不會教孩子做一模一樣的東西出來。如果教的是一模一樣的東西我也不喜歡，因為那樣就只會像是勞作課了。

蘋果老師的教法著重在引導，可以啓發孩子的創造性，所以老師很重視孩子個人的創作，不喜歡給孩子太多框架及主觀標準，我曾經看到一個學習美術機構外面招牌的標語就是：「藝術是不能被教錯的」每個老師有各自的看法，但我可以感受到會標榜這樣概念的美術才藝班，應該是專門輔導孩子考美術班的學習機構。對我來說，這沒有一定的好壞標準。因為這取決於我們想要給孩子的是什麼？如果我們希望孩子能透過美術課而喜歡用不同媒材創作、學習欣賞更多元的藝術作品、從沉浸創作中感到快樂及平靜，那就跟期待孩子學習高超技能考上美術班的方向不一樣了。

一開始要成立學伴時，曾有家長建議我加入作文課，我的決定是請美術老師帶著孩子創作個人的故事繪本，老師的專業超乎我的預期，因為她一樣每週都帶著孩子

完成不同主題的美術創作，每次創作前的引起動機、分享的故事繪本都不一樣，孩子們完成的作品也都各有特色，學期末老師引導孩子用自己的想像把所有完成的作品串成一個可愛的故事，因為每個孩子的想法都不一樣，作品也不盡相同，所以每本創作繪本都有自己鮮明的個人風格。在用作品串成故事的過程中，老師很尊重每個孩子的想法，不過度引導或干涉，只在文字上陪孩子討論不同語辭替換的可能及差別。家長們看到孩子們的繪本成品都很驚豔，他們也一起從欣賞不同創作中更認同我們和老師的理念「藝術不是可以量化的標準，沒有所謂的好與不好，讓孩子喜歡創作的過程，每一個的創作有自己的想法在裡面的，並用美麗的心欣賞不同的作品。」

除了創作，帶領孩子們認識美學也很重要，在老師的帶領下孩子認識的藝術家比我還多，孩子們也透過認識不同時期的藝術家而了解當下的時空背景及地理位置和文化差異。這些美學的養份也在無形中提昇孩子對藝

術的鑑賞力及多元性。因為我希望孩子們去不同國家的美術館時,看到不同的創作都會因為對它有基本的瞭解,從賞析中看到感動。能夠侃侃而談他對這些藝術創作及藝術家的認知與了解。而不只是我很會畫,我的作品參加過什麼比賽。

　　當我們學會去欣賞的時候,內心會容易感到豐盛,而豐盛會讓我們感到滿足,因為看到美所以產生共鳴,而可惜的是,很多人看到美是沒有感覺的。

陪孩子一起上美術課，我的陪伴，是和孩子一起做喜歡做的事

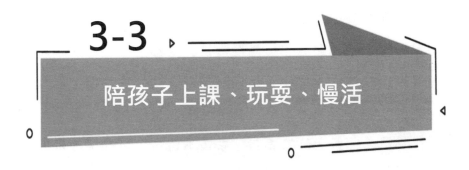

3-3

陪孩子上課、玩耍、慢活

　　我們家有兩個孩子，雖然年紀不同，但也一起參與「學伴」的課程，同時也有一些同齡相近的孩子加入參與。

　　在主辦這個學伴課程的過程中，我們非常感謝這些孩子們的家長對我們全然的信任。因為我們常常會突然覺得今天天氣很好，我們去公園跑一跑，或到外面樹上找昆蟲寫生；今天夕陽很漂亮，我們到庭院看夕陽吃點心；這個桌遊玩得意猶未盡，就晚點寫功課⋯⋯。

　　我給孩子一個觀念，功課是自己的責任，你可以早點寫完，或晚點寫完，甚至沒寫完，都是自己的決定及要自己去面對的責任。如果晚點寫，回到家就要自己提昇寫功課的效率。作業沒有帶回來或是沒寫完，隔天都是自己去面對老師的處罰。家長不會做太多的干涉及協助，包含功課我都不會特別去注意孩子有沒有全部都寫正確。因為我們的過度指導，會造成老師對孩子學習成效的不了解。孩子也會習慣依賴我們幫他們看功課，自己不會去檢查，如果我們不放手，小學時期我們幫孩子，國中、高中、大學都要一直是我們幫忙孩子看功課嗎？

　　所以我都跟孩子講：「我有看到幾題好像不太對，你要不要自己檢查一下？找得到表示你很細心唷！」該放手時，別緊捉不放！

給孩子一個畫板和筆，他們會帶你看到不同的世界，和學伴們的綠手指活動

3-4

喜歡閱讀從培養環境和陪伴開始

　　孩子完全會是爸爸媽媽行為的翻版，我們愛吃的、喜歡做的事、常講的話，他們全部照單全收。有時孩子就像我們的一面鏡子，透過他們可以看到自己。在十幾年的教學歷程中，我看到很多優秀的家長教出很優秀的孩子。

　　記得以前在補習班有一個叫 Paul 的孩子讓我印象很深刻，他上課問的問題常常會讓我很驚訝，因為不像國小孩子會問的問題，他懂的都是學校不會教或是還沒教的知識。常常讓我在課堂上無法直接回答他，只能答應

他下堂課給他答案，然後課後趕快找資料，他讓我有機會讓其它孩子瞭解，老師不是什麼都會，所以持續學習是有必要的。

　　有一次他急著下課，因為國家地理頻道晚上要介紹溫室效應對北極熊的影響，同年齡的孩子想看的大概是海綿寶寶或 Ben10 的卡通，而他卻不一樣，因為好奇，所以我特別去請教媽媽平時在家都怎麼教他的，因為他的優秀太讓我驚豔了。媽媽告訴我，因為我愛看書，且幾乎不看電視，所以孩子也很愛看書，我們也喜歡一起討論書上看到的內容。在學校孩子獲得的肯定不是那麼多，因為他太愛問問題了，所以媽媽很開心我是第一個正面肯定孩子因為求知慾高而喜歡發問的老師。不會覺得孩子的好奇影響到老師上課。

　　「教育」一詞的英文字彙 educate 或 education 來源於拉丁語ēducātiō，意思是「引出」，我認為是引出孩子的好奇及想學習的慾望，而大部分的人在做的是「填入」，把我們消化過的知識用最有效率的方式塞給孩子，

用最能量化的方式去評量孩子的學習成效，孩子最好乖乖全盤接受不要有太多想法，在孩子最有想法的時候我們希望他們安靜學習，照著安排好的教育流程走就好，不要有太多其它的主張或做不一樣的嘗試，但他們長大後卻期待他們能有獨特的見解及對自己的期待和規劃。統一 SOP 的學習製程，但結果的期待值是不同的，這真的很矛盾。愛因斯坦說「知識是有限的，而想像力是無限的」，所以我相信，誘發孩子學習動機及自由發想的空間才是最核心的教育概念。而當我們就是這樣的言行，孩子就會有這樣的態度。

啟發孩子從書中找知識的方法，換孩子自己研究怎麼組裝太陽能動力車

3-5

觀察孩子喜歡什麼
讓老師成為引導示範標竿

　　透過學習啟發，孩子有興趣的學習，老師就會是一個很好的學習指標，就像哥哥喜歡觀察昆蟲有關自然和生物的領域，我就給他需要的學習資源。

　　我曾問他：「你那麼愛觀察生物，以後長大想不想成為生物學家？」

　　哥哥：「想！」

　　「我要你去想想，你要當什麼樣的生物學家？你要跟黃詩宇老師一樣，還是一般的生物學家？」

他告訴我說：「我要跟黃詩宇老師一樣厲害。」

於是我就會引導問他：「你有沒有發現老師上課時會介紹好多的國家，好多的實例以及很多與這個生物相關的事，還把每一種生物的起源都介紹非常詳細、非常清楚。如果你想要像他一樣，那你是不是要到不同的國家去學習，才有不同的經驗，」

哥哥：「嗯！」

我接著問：「那你如果要到其他的國家，你必須要具備什麼樣子的能力？」

他就意識到：「好像要會講不同國家的語言。」

「很好！語言就是一種跟人家溝通學習的能力，當你不瞭解其它國家的語言的時候，你沒有辦法跟那個國家的人溝通學習了，想要變成像老師這樣厲害的專家，相對就會很困難了！所以如果沒有語言的能力，那你也可以當一般的生物學家。但如果這不是你想要的，那你就要去思考，想成為什麼樣的人，要具備什麼樣的能力，

及你現在可以先做什麼，還有如何持續！」

　　因為這樣的引導他會想要把英文學好，而有學習的動機，也會了解不是只有考試考得好，而是要在生活上真正可以應用及與人溝通的能力。這個區塊是他認為自己需要的，學習動機如果是自發性的，成效會遠大於被動學習。

　　我是透過這種方式去引導孩子思考對於未來的期待是什麼？當他對自己的目標是明確的，我可以把需要具備的能力歸納出來引導他去講答案，不是我直接告訴他，他自己講出答案後，就會覺得這件事情是他自己想要的，而我也會知道我需要給他什麼樣的資源。

　　像這樣的觀察及引導，如果家長沒有做，孩子不可能這麼具像地告訴你說：「我要當什麼樣的生物學家、我現在要學英文、我現在要幹嘛……！」

　　我希望透過這樣的方式，家長會知道不能把教育責任全丟給老師，學校老師不可能幫我們為孩子做到這些，

因為老師一個人面對這麼多的學生，不太可能這麼深入的去了解我們的孩子，一位老師可以教導孩子大概是一到二年，而我們陪伴孩子的時間遠遠超過二年，老師只能用心把課業的深度和廣度去延伸，唯一能夠把這個責任扛下來的就是家長。

如果我們希望孩子的學習面向是可以與時俱進對未來有幫助的，很多東西自己沒學過，就跟孩子一起學吧！跟孩子一起學習的同時，面對問題他可以問你，你可以陪他去找答案，而且日常生活中就會多了很多的話題可以討論，而且孩子在跟你討論的時候，你們有對等的感覺，當他在學習上可能面臨壓力的時候，孩子會跟你說，你會知道他的困難點在哪裡，進而知道可以如何協助他。我們希望孩子願意什麼都跟我們分享，而不只是說肚子餓了、或想要買什麼東西，透過生活去觀察、瞭解孩子，才能成為他們最可靠且信任的大朋友。

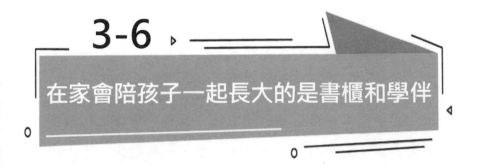

3-6

在家會陪孩子一起長大的是書櫃和學伴

　　我們的學伴課程完全不會刻意配合學校學科進度，所以從來就沒有寫評量考卷和月考複習這回事，學校要月考前，我們也沒有像要月考的樣子。因為我告訴孩子：「活動課後就是吃點心，功課寫完，就去玩；如果你功課寫完還沒有伴，就先去看書，安靜等待其它學伴完成功課後一起玩。」

　　所以我們在家裡放很多書，書櫃上的書和孩子們是等比例成長，有些家長也很熱心提供不同的書寄放在我

們家的書櫃，因為放在家裡孩子不會主動看，而在這裡有閱讀風氣，孩子們沒事就窩在一起翻書，感覺效益更大。

我們常常在早上老師開會時去學校，當班上的故事志工為孩子說故事，有一次我分享了一個故事，班上孩子反應很熱烈，我鼓勵孩子回去跟爸爸媽媽講這個故事，或去圖書館借這本書跟爸爸媽媽一起看。

有一個孩子很直覺的回答我：「我媽媽說，她已經畢業不用再看書了，要看書的是我，大人都不用看了。」

這個答案讓我有些難過，因為我相信學習是一輩子的事，學習的環境也不會只能在學校。每個父母都希望孩子能學到課本以外更多的知識，而它不會自己發生，需要我們身體力行帶著孩子終身學習。因此，我們最捨得投資自己學習和買書。

一直到現在假日如果我說要去上課，孩子都會問我：「你今天是要去當老師還是學生？」

而我看的書，常跟朋友聊的話題，孩子也會在日常生活中不經意的提到。我相信孩子對學習的態度會是開放且沒有年限的。

陪孩子一起長大的
書櫃和學伴

喜歡閱讀從
培養環境和陪伴開始

Part-4
玩伴爸爸的加入

4-1

爸爸的全馬 42K 及鐵人三項
運動家精神的示範

　　爸爸非常熱愛運動，喜歡挑戰極限有難度的運動，所以他有接觸馬拉松，一聽就知道這是非常需要考驗體力和耐力的，他第一次跑全馬，要跑 42K，我們都沒有這個能力，沒辦法參加，就只能在一旁加油。

　　後來他又接觸鐵人三項的運動，鐵人三項是由游泳、腳踏車、馬拉松的三個項目所組合的比賽，是一種全能並且極需要體力和耐力的運動比賽，結合不同技能的運動卻不是像其他球類或團體運動項目可以靠相互合作進行的，它和跑馬拉松一樣完全是考驗運動員的個人表現，

他參加鐵人三項這個競賽，有時是 113K 的賽程，游泳、騎腳踏車、跑步加起來要 113 公里，很可怕，之後還有參加 226 公里的超級鐵人三項，游泳要游 3.8K、腳踏車騎 180K、跑步是全馬 42.2K，活動賽事真的就是一整天。

孩子們從看到爸爸參與鐵人比賽中看到運動家精神，是超級啦啦隊!

他有一陣子非常瘋鐵人三項，因為這樣，他就會把那種運動精神帶給小孩，所以有一年的暑假我們的學伴就用鐵人三項的方式去安排，我們上很多游泳課，一週可能三天游泳、兩天足球，訓練他們的肌耐力，然後每

天下午會去騎腳踏車。不過也不全是操體能的課程，其中也會有一些靜態的課程像是科學課、生物課、西洋棋或是圍棋。

所以那個暑假孩子們咻一下就長高了，每天上午運動量夠大中午就會很餓，加上我婆婆的超級好廚藝，讓孩子們的食量都大爆表，吃飽休息一下就睡午覺，下午靜態課上完再繼續動，所有的學伴孩子們在那一個暑假都明顯大一號。

原本弟弟還很小不會騎腳踏車，也在那個暑假學會了，我們自己舉辦比賽，他們實際體驗過後就會發現原來恆毅力就要這樣訓練培養起來，有時候也要有一旁隊友的支持跟鼓勵才能撐下去，所以孩子很多的學習體驗都是我們在生活中把它變成一個課程，然後因為這個課程有伴，所以課程就會變得更有趣。

爸爸的首場全馬 42K 完賽

爸爸的超鐵 113 完賽

　　我們在寒暑假的時候除了小鐵人以外，我們固定會
計劃安排一些時間和幾位家長帶著一票學伴一起去玩，
我老公就像孩子的大玩伴一樣，一群小孩就圍繞著他，
動不動就找他，無論什麼事都找他，說故事也找他，我

當下的感覺自己很幸福，因為跟著我們的小朋友們也都覺得幸福。另一方面，在這個過程中我們可以用我們想要的方式去陪伴孩子成長，給他們幸福，所以學伴的經歷其實給我們很多很好的正向回饋。

成為小鐵人的條件要學會騎
腳踏車

學伴也是玩伴

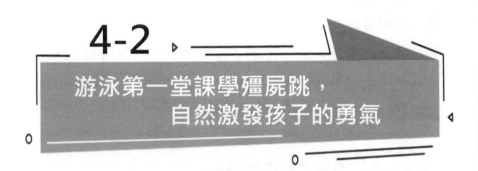

4-2
游泳第一堂課學殭屍跳，
自然激發孩子的勇氣

　　要帶小鐵人營並沒有想像中簡單，像是游泳這項運動，很多孩子們剛開始都不會游，甚至會怕水，所以玩伴爸爸就從「殭屍跳」帶他們開始，「殭屍跳」就只是讓孩子們直直站在水裡上下跳，最主要是讓他們不怕水。

　　我們不像游泳訓練班那樣教孩子們標準動作要怎麼打水、踢水，或是浮板怎麼用、要用什麼姿勢踢水。玩伴爸爸教他們游泳的第一步驟，就是讓孩子們在水裡面跳，沒有要他們游，讓他們可以先感受到水的浮力，學會用「殭屍跳」，泳池不深，腳踩得到地就能浮出水面，沒多久大家都不怕水了。

為了鼓勵孩子學會在水裡頭憋氣，玩伴爸爸帶象棋到游泳池，讓孩子分組去找他放在游泳池裡的棋子，為了獲勝贏得下午點心加碼的冰棒，孩子們一個一個把頭埋到水裡去尋找象棋，也為了撿象棋竟然就不怕潛到水裡了，所以孩子們在泳池裡面就算還不會游、不會換氣，但是只要會憋氣，自然漸漸地讓孩子自己習慣水、也不再害怕了，接著玩伴爸爸游泳讓孩子們去追他，孩子們從一直觀摩他游泳的姿勢中邊玩邊學，因為覺得他游得很快追不上，而開始學習他游泳的方式，雖然一開始姿勢不是很標準，但孩子們漸漸也就知道怎麼游泳了！

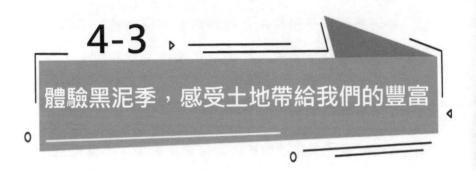

4-3

體驗黑泥季，感受土地帶給我們的豐富

　　我們很喜歡帶他們去做不同的體驗，像去田裡插秧，讓他們實際知道我們每天吃的米飯，就是這樣子種，然後從泥土裡慢慢生長、結穗出來的，這樣他們在吃飯的時候，就會連結到自己曾經下田過的體驗，於是用餐就會具有特別的意義，也就自然而然懂得珍惜。

　　不然我們常講要珍惜食物、珍惜資源、珍惜什麼的……再怎麼講都是一種「道理」，大部分的孩子不知怎麼體會。其實，不光只是了解，還要能夠學以致用，只要帶他們真正「體驗」過一次就夠了！

感受十地帶給我們的豐盛

　　在教育孩子的過程中我們有時候也曾有些意見的分歧，因為我沒有兄弟只有兩個妹妹，媽媽教育我們的方式是以一般大眾對女生的期待和標準，記得小時候媽媽會要求我們不可以弄髒、不可以玩沙，因為女孩子的指甲一定要乾乾淨淨的，所以我也會很怕我的孩子玩得髒髒的，每一次孩子可能弄髒，我就立馬先阻止孩子再繼續玩。老公因此很認真的跟我溝通這一點，他尊重媽媽對我的教育方式，但他覺得教育男孩子和女孩子的方式應該要不一樣，他希望孩子可以不怕嘗試，勇敢且願意冒險是他覺得很重要的特質。連弄髒都怕，不是他希望孩子有的態度。當下我有好好的反省自己給孩子設限的

教育方式，也相信並放手讓他用男孩子的方式去帶孩子們從玩中共學。

有一次去溪州參與「黑泥季」活動，要去的時候我知道一定會弄髒，所以我就準備他們要淘汰不穿的衣服。我跟孩子們說：

「你們好好玩，認真玩吧！不夠髒不可以起來。」

他們就說：「真的嗎？不夠髒不能起來！」

我就說：「對對對！不夠髒不能起來！」

因為他們的爸爸就是這樣的態度，如果限制不可以弄髒，一定不能玩得盡興，所以我就讓他們解放，然後他們就真的玩得很開心。

有這樣一次經驗，他們永遠都會記得他們在「黑泥季」玩得超髒的回憶，他們很意外媽媽會願意讓他們這樣玩，那一次老公是拿會場準備的消防水管幫他們沖洗，他們也覺得這樣超酷的，他們這樣玩髒我不會生氣，因為在那個狀態下，他們能盡情去做他想做的事情。

一年一度的黑泥季活動　爸爸說男孩子不可以怕髒　媽媽說要認真玩

　　還有一次我們去一個有泥火山的生態區，一到那裡我才跟孩子們叮嚀：「你們可以看，但不可以跑到那邊去喔！」話才講完弟弟就跑過去，然後他邊跑時發現不對勁，腳怎麼會往下陷，他趕快跑回來，而他新鞋就卡在泥巴裡！

　　我當下很生氣：「我才跟你說不可以跑過去！」

　　他爸爸就說：「不要怪他啦！」

　　怎麼了，我說：「我剛剛就跟他說不要跑過去，他就不聽話！」

爸爸說：「其實我自己也想過去踩踩看，只是他跑得比我快。」

我驚訝的說：「怎麼會這樣？」

爸爸說：「你都不會好奇泥火山有什麼不一樣嗎？」

我發現老公還保留著小朋友的好奇及願意嘗試的態度，是我忘記用孩子的角度看事情了，我還是用媽媽的思維和高度在限制孩子，沒有考慮到小朋友的想法，我才意識到是我沒有尊重他們。

爸爸接著說：「我現在要想的，是如何幫兒子把鞋子撿回來？」

因為卡在那泥濘裡，要去撿可不是件簡單的事，加上老公的體重比孩子重，他每走一步下陷的深度可是比兒子更高。一直擔心如果他沒站穩跌倒了，我有沒有辦法拉得動他，會不會我們也一起跌到泥濘裡（媽媽心中充滿緊張的小劇場），後來爸爸去撿很大的香蕉葉來分擔他踩下去的重量，他冒險去撿兒子的鞋子時我在一旁

超緊張的時而大叫，可是當他撿回來的時候，他們兩個父子倆都覺得很好笑，因為他們讓媽媽又生氣又緊張的，讓媽媽我也覺得很哭笑不得，接著老公要弟弟為自己負責，去把弄髒的鞋子洗乾淨。從這個泥火山小插曲中，我學到站在不同角度思考，並尊重每個人的不同。不要把自己的標準和思維放在每個人身上。而孩子學到為自己的愛冒險負責任。

4-4

陪孩子解決問題的爸爸，讓孩子學習為自己負責

　　老公會懂弟弟的想法其實也是因為兩個人的調性是接近的，原本我並不懂，我是透過學習到色彩人格分析，在檢測完後發現我們家四個人，有三種不一樣的人格特質，我的人格特質會有的反應跟他們常常都不一樣，我要懂得尊重彼此的不同，因為爸爸和弟弟他們兩個是同一種屬性的人，他就懂他在想什麼，以我的立場我就是沒有辦法理解，但是當我去學會了解之後，才能理解對方，他們也才會懂得我的不同，我們也因為這樣找到新的溝通模式。

沒有一百分的父母，要透過學習我們才知道如何跟孩子溝通無障礙，我們都不是與生俱來就會，我們都要「學」，才會知道方法、才知道要怎麼去修正。不同的特質會有不同的思維及溝通方式。而用對溝通方式和不同特質的人相處是很重要的事。因為了解而懂得尊重，學習真的讓我們變得不一樣。

陪孩子解決問題的爸爸

學習為自己負責

4-5

好爸爸早餐趴比賽，
　　　親子合作也是需要練習的

　　有時我們會設計一些活動是由爸爸與小朋友一同挑戰完成的，讓親子間的互動更多，所以我們還會規劃一些活動讓小朋友與家長能有更多的互動學習，也讓爸爸多了解自己的小孩，大家一同學習一併成長。

　　露營是讓孩子去學習生活自理能力很好的方式，揪我們露營的玩伴父母都有很多好點子，常常露營都有共學主題，而大家也很享受參與活動的興趣。

有一次露營的主題是「好爸爸親子早餐比賽」，每一個爸爸要陪小孩做一道早餐，比賽規則是以一個家庭為單位，每一個爸爸要跟孩子合作製作出一道早餐，只要做一道自己家人的份量就好，每一道早餐料理都要切成小小一份，讓每一家的人都能吃到一口你們家的早餐，然後找們冉評分哪一家的爸爸早餐做得最好吃。

最好的有獎勵，票數最低的會有處罰，所以就很刺激啦！而過程中爸爸絕對不能罵小孩，媽媽們看著爸爸和孩子們手忙腳亂地做了滿滿一桌的早餐，大家品頭論足看誰做得很好、誰家的早餐是暗黑料理，超級有趣。

還有一次是所有的孩子們要獨立完成一道晚餐，在露營中共餐，爸爸媽媽只能口頭指導，不可以動手協助，讓孩子去感受準備餐點要花多少心思和時間，也檢視他們是不是有能力自己下廚，我們也讓小朋友們一起來互相評比，但不是批判誰做得不好，而是誰做得最好，我們讓孩子們參與過程，好不好吃是其次，只要有完成都值得肯定。

　　我記得有一個家長說：「我們家已經喝了一個禮拜的味增湯了！」因為他們那天就是要煮「鮭魚味增湯」，所以他們已經在家練習一個禮拜了，因此他們的表現成果確實沒有漏氣。而我只有在出發前問孩子他們想要吃什麼，就做什麼，帶他們去採買，在現場完全讓他們自己動手，可是要確保他們動手的安全性，我會善用一些小工具，讓他們知道怎麼做是安全的，於是我只需要口頭指導，引導他們照步驟一一完成，他們也就會從中學會怎麼做。

　　也因為我們沒有出手協助，孩子的成就感也會更不一樣！

和孩子一起做早餐

好爸爸親子早餐趴比賽

讓孩子從生活中建立帶得走的能力，學習拿刀前好工具很重要，指導完要放手

Part-5

從生活中建立
帶得走的能力

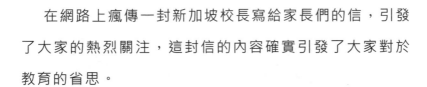

　　在網路上瘋傳一封新加坡校長寫給家長們的信，引發了大家的熱烈關注，這封信的內容確實引發了大家對於教育的省思。

　　信件翻譯內容是這樣的：

親愛的家長們：

　　你們的孩子即將面臨考試，我知道你們都希望孩子考好。但是，請記得，在這些考試的孩子們之中，將會有人成為藝術家，而他的數學不一定會考好...其中會有創業家，他不愛唸歷史和英文文學...有音樂家，他對化學的成績無所謂...有優秀的運動員，他對體能和肢體反應的要求比物理學科更重要...

　　因此，如果你的孩子得了高分，那非常棒！但如果他的成績不理想，請不要因此奪走他們的自信和尊嚴。告訴他們這沒關係，這只是一個考試！他們還有比這考試更遠大的生命目的。告訴他們無論成績如何，你都不會以此來

評判他，你一樣愛他們。

請務必這樣做，當你這麼做的同時，要關心他們如何去克服困難，征服世界。一個考試或低分不會帶走他們獨有的夢想與天分。並且，請不要覺得，只有醫生或工程師，才是這個世界上真正快樂的人。

這封信件的分享，提醒了我們在教育上，不應該忽略掉每一個孩子的差異性，我們必須要包容每一個孩子在教育學習環境當中不同的表現，在統一的教育制度之下，成績是考核孩子學習的成果，只用一種標準來決定孩子的成就好壞，很有可能會扼殺掉一些孩子真正在某方面優異天分的表現，所以能不能真正了解自己的孩子，是每一個父母應該要有的認知。

除了尊重孩子在個人特質上的差異，其實適合每一個孩子學習的方法也可能是不同的。我們家哥哥的成績不需要我們太擔心(因為我們都不會訂高不可攀的分數標準)，但他在學校還是有一些學習問題必須和老師溝通，

因為大多數孩子的學習模式都是屬於「視覺型」，所以上課都會乖乖看著老師，可是哥哥在學校上課的時候，老師會跟我們反應：「他都沒有在聽課。」主要是因為課堂上，老師在台上講課時他都沒有全程看著老師。可是他的學科成績並不差，老師覺得很奇怪，問他問題他都知道、也答得出來。其實是因為他是「聽覺學習型」的孩子。

每一個小朋友學習的方式可能是不同的，有些人可能是用視覺，但有些人可能是用聽覺，甚至有些好動的孩子要以觸覺學習的方式提昇專注力。每個小朋友都有適合自己學習的方式，哪一種方式對小朋友最好？可能不是在學校用單一的授課方式及制式標準化的考試，按照分數高低可以判別出來的，所以考試成績真的不能評定孩子在未來成就有多大。

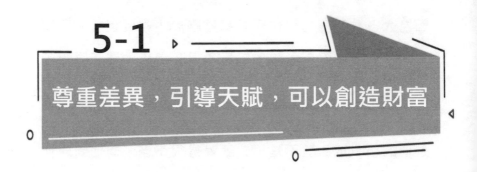

尊重差異，引導天賦，可以創造財富

　　每一個孩子不同的差異性，都有可能發展出自然的天賦，當天賦真的展現出來之後，或許也能帶來另一種成就以及財富。

　　台灣的樂高達人陳冠州，他自爆學生時期老師講課他都沒有在聽，上課一直都在塗鴉，他的課業成績一直都不理想。大學唸的是設計，當碰上畢業作品繳交的壓力時，他重拾起小時候愛玩的樂高，把玩樂高變成了放鬆壓力的一種療癒過程。

因為樂高的零件組合出來大多都是歐洲的街景，有一天他走在路上看到周圍的景像，就想說：「為什麼我一直花那麼多錢在收集歐洲的景像？」於是他把這些樂高拆掉組合出台式風格的街景，做了中藥行和豆花店放在網路上面，沒想到嚇到了台灣的樂高玩家，畢竟樂高是西方來的玩具，你不可能找到樂高有台灣的風格在裡面。

他在設計組裝台灣街景前需要做很多的功課，不管找照片或者是實際拍照，他腦子裡就是希望表達台灣人在這條街上的生活，他不單製作了龍山寺，也把西門町的萬年大樓做得微妙微俏，整個萬年大樓的樂高還可以將它打開，像是娃娃屋一樣，你可以看到裡面的電扶梯，及最著名的冰宮，還可以看到人偶穿著溜冰鞋在裡面溜冰。

他玩樂高能夠樂在其中，覺得將一件作品放在網路上，就像站上舞台表演，他很享受這樣的成就感，把完成的東西分享給大家，大家看了也很快樂。從原本只是興趣，到現在變成工作，成為積木創意總監，後來不只是 Nike、統一......還有很多企業知名品牌都來找他合作。

陳冠州這個案例真的就是表現天賦，由創作天賦帶來財富的一個最佳寫照，介紹他的新聞影片標題「魯蛇玩家變總監」，的的確確刻劃出他把「玩樂高」這件事情，發揮了創造力的天賦，最後可以玩到變成為他自己帶來財富的事業。

我希望能夠提醒家長們，不要忽略除了學校課業成績以外，孩子可能具有的天賦能力，除了讀書以外，每個孩子在學校有沒有得到其他的專長啓發以及發展？如果為了獲得成績的表現，但相對失去自我天賦的探索及發展是不是值得？所以我們不要忽略每一個孩子的差異性，更值得家長們去關心的，是要去幫助孩子找出什麼才是他真正想要的，並且如何啓發孩子不同於其他人的專長，這才是孩子將來長大進入社會後，能否具備「與眾不同」的競爭力條件。

5-2

啓發 10 年後的學業成就；
或 20 年後的社會能力

　　在陪伴孩子學習的歷程中，我認識了全腦開發的教育方式，它是盡量使人達到左腦和右腦的平衡發展、平衡運用，讓大腦發揮出更大的學習潛力。人類的大腦可區分左腦與右腦，管理邏輯、數據、記憶、認知、推理……可具象方面的事物是左腦；管理無法具象的事物，如：創造力、人際關係、善良、勇氣、耐心、毅力……則是右腦。

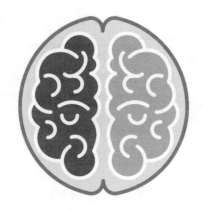

左腦
邏輯
數據
記憶
認知
推理

右腦
創造力
人際關係
勇氣
耐心
毅力

　　學校教育以及考試評量，所有的應用練習在我們大腦的領域都一直不斷在訓練我們的左腦，大多數都是可以用測驗以分數評定出來的科目；而像是情感面的人際互動與創造力等等，還有對感受的表達、及聯想力是不能用分數評量出來的，這些屬於右腦的訓練和啓發，在注重學科教育的學校中常常不是教學的重點。

　　而我們發現在新世代中要具有競爭力，很多企業家的「成功特質」，多數都和學校在意的考試分數沒有太大的關聯。不得不讓我們去思考未來的教育問題，學校教的大都是是左腦領域的內容，這些可以用數字評量計

算和邏輯推理的事情，未來是可以由人工智慧（AI）所取代的，反而像是右腦學習中不容易量化的能力，才決定了孩子未來真正可能成功的條件。

　　然而許多家長還是會說，可是學校的體系制度就是這樣，現實仍然無法改變，大部分的孩子還是得要面對所處的環境，應該怎麼辦？

　　的確有人會質疑用不同於傳統體制學校的方式去啟發孩子的學習，面對我們認定孩子的成功升學模組，在大環境中有多少家長能夠接受？

　　但我想說學校的教育用成績來評定一個孩子未來的成就，目標只是在這個孩子 10 年後的學習成果，也就是他能夠考到什麼樣的學校，普遍的教育制度就是為了 10 年後孩子能夠有什麼樣子的能力，好壞優劣就是以他讀哪一所學校做為判定，是很普遍化的一個現象。但是如果我們去拉長時間軸把目標訂到 20 年之後的話，或許我們就不會那麼的緊張了，因為，孩子在學校學到的專業技能可能不一定全是 20 年之後的他們最需要的！而且大

多數的孩子在不瞭解自己的學習性向時所選的科系，往往讓他們在未來要從事相關的工作感到不適應或沒有熱情。孩子的差異性以及其他許許多多的能力，並不是學校單一課業方面的成績評量好壞而已，除了學習的課業成績之外可能還有其他的領導力、人際關係、組織能力、協調性以及堅持力、體力和毅力......這是全方位的。

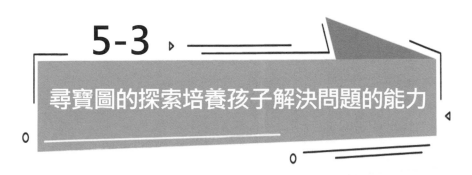

5-3

尋寶圖的探索培養孩子解決問題的能力

　　從我們開始在推廣話劇課程中就一直在推廣多元教育的觀念，一直到現在我們在對按大陸的教學合作時，孩子大了，學校整個禮拜都要上全天的課，課業也比較多了，所以比較沒有辦法跟著我們一起跑，可是因為他們以前有過參與工作的經驗，也能夠體諒我們有時必須出差沒有時間陪伴他們的情形，感恩奶奶的照顧和陪伴，讓我們現在有時真的必須去外地出差的時候，他們也能夠自動自發地做好自己應盡的責任。

　　特別是現在偶爾去大陸，一去可能就要好幾天，雖然我們沒有辦法陪伴他們做功課，但是我們有一些小撇步仍然可以跟孩子保持互動，像在出差之前，我們就會先做好一些藏寶圖，把要給他們的寶藏事先藏在家裡的某個角落，然後把他們要完成的功課及工作當成任務，完成任務之後就可以去跟奶奶要藏寶圖。

　　我們都會各自設計藏寶圖，除了我們設計好交給奶奶的那一份要合作一起尋寶之外，前面還有一關就是哥哥和弟弟各有一份藏寶圖，哥哥負責保管弟弟的藏寶圖，弟弟保管哥哥的藏寶圖，當弟弟第一關的任務完成之後，就可以跟哥哥拿藏寶圖，相對的他們彼此都要互相的把關，必須在完成新的任務通過後才可以跟奶奶要我們準備的藏寶圖，兩兄弟要從謎腳中去推敲寶藏在哪裡。

　　雖然我們不在家，但是我們還是會用這樣的方法與孩子們互動，如果晚上有空，我們就會電話連絡，問他們任務進行的狀況。當他們找到寶藏時，會很開心又有成就感，等我們回家後，就有很多話題可以進一步的溝通，我會問

他們在尋寶的過程之中，怎麼樣去探索並且找出關鍵？他們就會回饋並且重新回想他們尋寶的過程中，用到了那些思考邏輯，他們也會發現自己是有解決問題的能力！

解決問題的能力其實就是未來競爭力的重點。當人工智慧 AI 的技術在未來取代我們很多應用左腦的工作和職業之後，企業可能多半會以機器人來取代大部分的人力，那麼企業未來還會需要的人才，就會是能夠解決問題的人，所以未來決定工作待遇的高低，也就取決於一個人的解決問題的能力好不好。

學校學科教育的型式，大部分是直接給出答案，孩子照著念，照著去答題，它並沒有培養啟發孩子去探討問題，以及指導孩子如何思考尋找有效的方式去解決，這是非常可惜的。所以透過遊戲的設計，可以藉以訓練孩子面對難關及解決問題的能力。

5-4
鼓勵孩子擁有夢想，並協助他們成就與學習

　　我們讓孩子去思考，甚至鼓勵他們去設立目標，追求夢想，我們會讓孩子自己設定想努力的目標，一旦完成，我們就幫他去完成他的夢想。

　　去年寒假我們規劃了愛與回饋財商成長營，帶著孩子們從繪本、遊戲學習財商，我們喜歡孩子的學習是連結生活及實務的，所以我們帶著孩子去參訪安得烈食物銀行，讓孩子瞭解一樣生活在台灣這塊土地，卻有很多人的物質生活和他們的認知有很大的落差，很多家庭及

孩子都仰賴著安得烈食物銀行每個月寄來的食物箱補充營養，不像他們平時衣食無缺，家裡永遠都有切好的水果和好吃的甜點，所以我們給孩子的團隊任務就是去為安得烈食物銀行義賣募款。

準備義賣前我們還照著安得烈食物銀行需要的食材清單去全聯和大買家比價，孩子們用課堂上透過財商遊戲賺到的代幣以競標的方式買到做鬆餅的食材及租借鬆餅機，自己設計海報及背心，讓他們可以引起別人注意他們要義賣，以及為什麼義賣。

透過他們勇敢走出去、大聲開口義賣鬆餅為安得烈食物銀行募資，義賣的金額再依照他們比價後的購物清單到全聯及大買家採買，接著再將這些愛心食品送到安得烈食物銀行給志工。

隔天我們還帶著孩子一起到伊甸基金會去關懷慢飛天使，當天上午我們有練習怎麼跟慢飛天使介紹桌遊的遊戲規則，讓孩子們陪伴慢飛天使一起玩桌遊。孩子們從陪伴觀察慢飛天使中發現了彼此的不一樣，也發現自

己有能力帶給他們一個快樂的下午而感到開心，因為從這些任務中他們知道自己擁有很多，很幸福。

在要義賣前很多孩子都很緊張，害怕被拒絕、害怕白忙一場募不到錢，我問他們覺得自己可以賣多少，每個人都覺得自己大概只能賣 100 塊，但活動結束，孩子們募到的金額遠超過他們的預期，他們又驚訝又開心。

雖然他們只是小朋友，但他們可以透過合作去幫助別人，這些事是很多大人不知道也沒做過的事，而他們都完成了。

孩子們去幫安得烈食物銀行

孩子們和慢飛天使一起玩桌遊

今年暑假我們還進階的規劃了環境保育進階財商營隊，我們帶孩子們認識到海廢及環境汙染的問題，從到慈濟回收站做回收的過程中，感恩平時為我們付出的志工們，我們也參訪了文山焚化爐及處理廚餘回收的餘樂園，為了讓孩子了解環保就是不浪費的概念，我們也去參訪七喜剩食餐廳，孩子們也為 FNG 世代設計及七喜剩食餐廳募款，我們也訂定了募款目標，我跟哥哥弟弟說，如果能達標我們就支持他們的一個夢想。

我們希望孩子不僅從財商課程中了解到家庭、社會、國家、國際經濟的關聯性，也能夠從自己做起去影響身邊的人，用更宏觀的眼界去看這個世界，並相信自己有為這個世界帶來美好改變的能力！

孩子們也為 FNG 世代設計及七喜剩食餐廳募款

　　因為哥哥和弟弟都有達到七喜剩食餐廳勸募的目標。所以我們就為孩子安排了一趟追夢之旅，旅遊的過程不僅僅只是為了完成孩子們看湯姆歷險記想搭熱氣球、坐船看鯨豚的夢想而已，最重要的是過程之中其實還有安排很多的學習，包括我自己也收穫很大。

　　我們去搭熱氣球的那一天，準時到達地點，票都買好了，一切萬事俱備，可是當天卻因為風大熱氣球沒有辦法起飛，孩子難掩失望，安慰他們的同時，我也藉此跟他們說：「生活上會遇到不同的狀況，而且並不一定都照我們的期待，有時候我們必須要學習『接受』！」

無法搭乘熱氣球，確實是因為天候的狀況，我們必須要接受現實生活中有時會有變數的發生，當現實遭遇外部環境狀況影響不能完成實現時，自己要學會調整應變。

我跟他們說：「今天熱氣球不能飛，我們可以明天再來，但是如果明天要來的話必須要很早起來，可能凌晨3點就要出發，那麼今天晚上要很早睡，而且一定沒有辦法讓你們睡飽，凌晨叫你們起床你們一定要起得來，不可以賴床；如果不坐熱氣球，我們明天早上就去坐船看鯨魚，熱氣球就明年再來搭了，但是這趟行程你們就不能坐到熱氣球了！看你們想想，討論完告訴我們你們的決定？」

最後他們因為要起這麼早才能搭熱氣球，而且或許也會像今天一樣不一定真的可以飛，於是就決定另外一個行程。也不再因為沒搭到熱氣球而失望了。

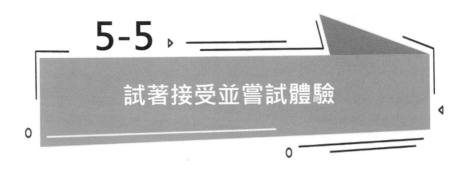

　　我們坐船出海，真的有看到鯨豚，他們非常的開心，後來爸爸還安排了一個溯溪的活動，這個行程對常運動的人來說還好，因為這很需要體力，對我來說，我有些抗拒，可是爸爸說既然來到這裡，就要讓他們可以去體驗不同的挑戰，我也就硬著頭皮陪他們一起去，我陪他們一起去的心態純粹就是因為孩子們喜歡，這個活動對我來說其實是一件辛苦的事情，但是我就想著只要孩子們高興，我就陪他們一起吧！

溯溪的過程其實我真的很累，不只是走山路而已，有些地方真的是需要攀爬，教練要大家輪流後仰落水，順溪流仰漂，後來走到一個可以跳水的地方，有兩塊大石頭，一塊有 3 米高、一塊是 5 米的，跳水活動的安排其實也是溯溪行程中的一個項目，帶領我們溯溪的教練安排大家爬到岩石上面跳水，其實我很害怕不敢跳，哥哥倒是咚咚咚地就爬上 3 米的石頭直接跳下來，弟弟一開始也很害怕，不過爸爸說來到這邊就是要鼓勵他們體驗。

為了鼓勵弟弟勇敢上去嘗試，我也只好硬著頭皮假裝勇敢跟他說：「走！媽媽陪你一起上去。」其實我站在石頭上往下看腳都軟了，但是為了鼓勵弟弟勇敢嘗試，我站在前面說：「我在前面先跳，然後你就跟在我的後面一起跳！」於是我鼓起勇氣往下跳，弟弟在後面看我跳下去了，自己一個人在上面不得已也只好跟著我跳下來，我看他跳下來之後忍著眼淚幾乎快要哭出來了，我說：「哇！弟弟你好勇敢喔，跳下來都沒有哭。」他就

憋著眼淚真的不哭，表現了他的勇敢。

接下來 5 米高的大石頭哥哥也上去跳，我問哥哥：「你都不會害怕嗎？」

他說：「其實也是會呀！可是那是一種體驗，就是要嘗試啊！」

哥哥挑戰 5 米跳水

興奮嘗試後仰落水的弟弟

別為自己預設難題

　　爸爸安排溯溪的行程，真的是很好的體驗，我後來仔細想想，如果是我，我自己一定不會想要安排這樣的行程，可能會像一般的遊客舒舒服服地走馬看花而已，就沒有這樣特別的經驗和體驗。

　　一趟旅遊，最大的收穫是體驗過程，從豐富生命體驗中獲得不同的學習！

　　常常我們會預設立場，覺得一件事情很難，當我們認為一件事情很難，我們就會主觀的不想要做，也就不可能去嘗試，那麼我們可能就真的失去了一個機會，也

可能不會了解到自己真正的潛力或是擁有的能力。當我們儘可能地去「接受」，願意去嘗試，其實我們可以從實際體驗的過程之中，去學習探索到珍貴的經驗和智慧。

5-7

孩子會完全複製爸爸媽媽的思維及行為

　　如果孩子在成長的學習歷程中，我們持續和他保持「我們是家人、我們是朋友、我們甚至也是同學」的態度，我相信親子感情的連結會更好。如果一般家長不在意這些的話，隨著孩子漸漸的長大，和孩子的話題會漸漸變少就會是難避免的。所以我們想推動親子共學，讓家長也成為孩子的學伴。

　　提昇自己的競爭力和自我的學習力有很大的關聯，我發現很多名人及企業家都學心智圖，接觸全腦開發課程也有心智圖，我也留意到芬蘭在很多的教學引導和教案中都有用到心智圖，我很好奇為什麼教育先驅的國家，

會特別重視，於是自己去尋找課程，並上台北去上課，真的感覺它讓我的學習效益有提昇，於是隔週這個課程在台中有開班，我就再帶老公跟哥哥一起去上心智圖課程。很多人會覺得：「不是才上過了，為什麼還要再去上？」但我覺得可以複習，又可以跟家人一起學很棒，而且老師在課堂中給予很多不同面向的引導，我自己也有新的收獲。

記得哥哥那天學校請假，他發現只有他一個小朋友跟著爸爸媽媽一起上課時，他很開心，在學習的當下，我們的身分是同學，每個人都要輪流上去自我介紹，甚至小組討論的時候我們還請他上台做總結，他發現不是都只能聽大人講，他也有一個在大人面前表達的機會，所以很大方的在大家面前分享他的想法，原來跟爸爸媽媽一起上課是這種感覺，跟平常在學校不一樣，這是一個很好的經驗。

和孩子一起學習一起成長，成為孩子的心智圖課程同學

　　我們給小孩思考的空間，他才會思考自己喜歡什麼、想要做什麼，需要什麼......。而不是等待我們的下一個指

令，努力去完成我們所期待的，不敢也不習慣有自己的想法。大部分的家長不知道如何去引導小孩探索他們感興趣的方向，當孩子連自己喜歡做什麼都不知道的時候，我們就會更不知道怎麼樣去幫孩子，孩子不可能在生活學習刺激不夠多元的狀況下自己告訴我們，他們對什麼有興趣。

可是通常很多家長不知道怎麼樣去幫忙探索，所以很多父母會主動安排很多才藝，要孩子去學很多東西，他們幫孩子探索的方式就是藉由嘗試學習各種才藝的管道，因為小孩子不會自己講，所以家長只能「散彈打鳥」。

其實透過在生活上和孩子聊到不同的職業，帶著孩子觀察不同工作環境的生態及工作內容，從床邊故事中跟孩子聊天，把故事帶到生活，我們會有更多線索去觀察了解孩子。

可以的話請爸爸講故事給孩子聽，因為很多爸爸心中都住著一個大小孩，讓他們可以發揮天馬行空的想像力把故事變得更有趣，因為我們家的故事王就是爸爸，

幼稚園時期常常晚上都是講到很晚了還捨不得睡。當然，
不止是講故事，陪著孩子學習豐富生活體驗也是很棒的
作法唷！

Part-6
生活美語自己教

因為我不喜歡英文就只是考試而已，所以我會選擇美語用我喜歡的方式來教學，而且我會準備很多道具，上起課來更生動，小朋友也會快樂的參與學習。

手作義大利麵

話劇表演

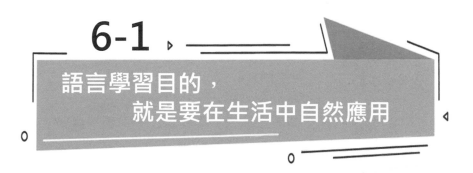

6-1

語言學習目的，
就是要在生活中自然應用

　　我從帶著媽媽們共學英文中，教媽媽們怎麼自己教孩子英文，我會分享一些方法，只要照這些方法就可以從基本生活用語開始帶著孩子講英文，基礎不好不用害怕，因為孩子也才剛要學，只要願意從小培養慢慢累積會使用的單字及句型，在和孩子用英文互動的過程中會覺得是自然的。

　　可是有些媽媽因為以前在學習英文時，學習接觸的方式跟現在不一樣，未必有自信去跟孩子開口，也就不容易從跟孩子的互動學習中，了解孩子有沒有進步，於

是跟小孩唯一的英文互動就會是：「你學過的英文不講給我聽，我怎麼知道繳的學費有沒有用，你的英文到底會不會？」

這會讓孩子覺得......「為什麼我本來不用講英文，去上英文課後媽媽就要我開始講英文，還動不動就拿著課本考我，要我唸給她聽，還老是問我會不會！」

我跟媽媽說：「千萬不要以前沒講過，現在突然叫孩子跟妳講，孩子當然會抗拒，因為不自然！」

其實這也就是為什麼我們在學校從國中開始讀英文，一直到高中、大學這麼多年，然後出了社會，大多數的人還是無法自然的用英文與外國人溝通的原因。

而且我也發現有些家長在出國旅遊碰到外國人的時候，就會要求孩子：「你不是有上英文課嗎？你去跟那個外國人講話！」就推小孩出去。可是對於孩子來說，溝通不單單只是口語的能力，他們也會遇到很多問題，許多家長並沒有去思考，這樣的要求對孩子的困難點可

能是什麼，或許他們心中在納喊：「我怎麼去跟一個不認識的大人搭訕，讓對方願意跟我講話？」

主要是孩子的生活經驗還不夠，他不曉得怎麼開頭，所以其實還是要大人先去做示範，他才會從觀察中發現那樣的方式是可行的，並願意照著示範的方法去用英語跟別人交談。

所以如果在國外我希望孩子主動去和外國朋友交談，我會自己先去示範我怎麼和外國朋友認識，我先讓對方知道我從台灣來，再來會問：「不曉得你們有沒有去過台灣？歡迎你們來，因為台灣有什麼、什麼、什麼⋯⋯。」很自然會跟外國朋友認識攀談起來了。他們才會知道，其實認識外國人並沒有那麼的困難！

培養世界觀就是帶孩子去觀世界，從認識外國朋友中學習到英文的實用價值

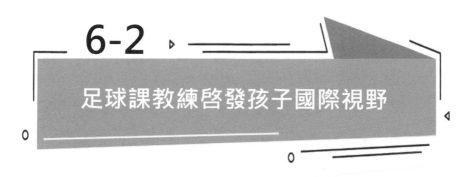

6-2

足球課教練啓發孩子國際視野

　　有個愛運動的爸爸，就會想培養愛運動的兒子，孩子們第一個接觸的運動是足球，孩子的足球教練非常認真，以十分專業的態度教一群小朋友，不只是規則、技巧和運動精神，都能在他一定的要求下幽默又精實的讓孩子快樂且投入的學習，所以孩子們上起足球課也非常的認真，更讓我驚訝的是，他也會帶大家一起去看正式的球賽，甚至是帶隊參與國際交流的賽事。

　　可樂教練本身有收集世界各地的可樂罐，是台灣有名的可樂收集達人，因為教練就是靠收集各國的可樂罐而認識世界各地的朋友，英文也是因為和這些外國朋友

交流中學習的，從這些朋友中他看到了更大的世界，也
獲得很多特別的機會，他曾在 2014 年巴西世界盃時受邀
到香港做個人可樂足球展，甚至上媒體受訪。還在 2017
年帶球隊到瑞典參加比賽得冠軍，之後一直帶孩子們到
東南亞的國家和當地的球隊交流比賽，他一直覺得孩子
們未來最需要的是世界觀，培養世界觀要先有不同視野，
未來他們不是只有跟台灣人競爭，而是跟整個地球村的
人競爭，所以他想從足球教學中帶領家長陪著孩子們和
國際接軌，我從他身上看到了不同於一般教練的格局和
讓人感佩的教學理念。

足球比賽敞開與人際互動交流

玩足球學習規則與團隊合作

6-3

培養孩子的世界觀就是帶孩子去觀世界

【峇里島之旅】

　　藉由出國旅遊我也設計可以給孩子體驗學習的安排，而不只是讓他們跟著大人走馬看花而已。有一年的228連假，我和老公帶孩子們到峇里島玩，為了給孩子驚喜，所以我們沒有事先跟孩子說，在前一天晚上孩子洗完澡，我要孩子在睡衣裡面穿短袖的衣服，孩子很納悶，因為那陣子寒流來，我竟然要他們穿短袖，但我只急著趕他們去睡覺不多做解釋，隔天一早叫他們起床，脫掉睡衣，要他們穿上外套準備要上車了，孩子們睡眼惺忪的問我要去哪？我告訴他們我們要去坐飛機，孩子

們開心的手舞足蹈，我跟兩兄弟說：「我們這次要去印尼的峇里島，而我有兩個任務要給你們，只要完成任務你們可以各拿 6,000 塊印尼幣當獎勵。」

「第一個任務，你們必須先認識 10 個外國人，跟他們介紹我們從台灣來，並且邀請他們來台灣玩。」

「第二個任務，你們要去找十個台灣跟峇里島不一樣的地方。」

孩子們很興奮，他們開心的說：「爸爸媽媽真好，帶我們坐飛機去玩，又有機會讓我們賺到 6,000 塊！」

因為平時帶孩子去採買生活用品時都會跟孩子討論價格和價值，所以他們聽到 6,000 塊印尼幣覺得很多，在桃園中正機場時，有看到一個 1:1 比例的鋼鐵人要價 12,000 元。

哥哥就跟弟弟說：「我們要加油，我們二個加起來有一萬二，就可以把鋼鐵人帶回家。」一下飛機，孩子就忍不住抱怨這裡怎麼那麼熱，外套根本穿不住，我跟

孩子們說，這裡是熱帶國家只有旱季和雨季，一整年的溫度都差不多熱，不像台灣是亞熱帶有春、夏、秋、冬四季，回去你可以看地球儀去找赤道在哪裡就知道台灣和峇里島的距離及熱帶和亞熱帶怎麼分了。

　　他們抱著高度的期待去旅遊，就因為有這個高度的期待，他們也就很認真的去完成我要求的兩項任務。我跟他們說：「你們是台灣的外交小尖兵，如果你可以邀請更多的人來台灣，我們就可以讓更多外國朋友認識台灣的美好，這是一件很棒的事。」

陪著孩子去認識不同國家的朋友

讓他們成為外交小尖兵

在他們想去跟外國人互動的時候，一開始我們都會搶在他們之前先去認識外國朋友，過程中我們都陪著他們一起，他們學我們的方式去跟別人認識，也會學我們的方式去邀請外國人來台灣玩。很順利的孩子們完成了第一項任務。

✽ ❀ ✽

另一個任務是讓他們去拍照，要找到 10 個台灣跟峇里島不一樣的地方並拍照紀錄，旅遊的行程之中，我們拿舊手機給他們自己去拍想留作紀錄的地方，這個過程其實可以讓我們觀察到孩子的視角，我們從他們的角度一起看，會發現有些是我們沒注意到的，等他們拍好完成後我們會討論照片的內容，看到的是什麼？有哪裡不一樣？發現和台灣不一樣的地方，我們就會一起去找答案，在這過程中我們分別又共同的去完成任務，他們也

很有成就感，對他們來講這是很特別的挑戰。

還記得他們得意的跟我說兩樣任務都完成了，準備要領 12,000 塊，我告訴孩子：「因為是印尼幣所以要在峇里島這邊花掉！」小朋友就很無奈的說：「鋼鐵人這邊有賣嗎？」

接著我們帶他們去超市，他們發現到一包餅乾竟然要 30,000 塊！

「一瓶養樂多要 12,000！這怎麼回事？」孩子們一直覺得它們的標價標錯了？他們很惶恐地問我說這些價錢怎麼這麼奇怪，我回答他們：「你記得我們坐了五個小時的飛機到峇里島嗎？這裡的語言、天氣還有很多你們發現很特別的地方都和台灣不一樣，所以用的錢也不一樣，在這邊用的是印尼幣。」他們才發現他們兩個人的 12,000 印尼幣，在這邊根本買不到什麼東西。

我們那天在跟朋友一起吃晚餐，是一家義式的小餐廳，我請孩子帶著帳單去買單，孩子發現我們吃了一百

多萬,很驚訝的說:「我們不是只有吃義大利麵和比薩,帳單數字怎麼那麼多零!怎麼會那麼貴?」我就拿一張印尼幣的紙鈔,要他們看看台幣和印尼幣的差別,孩子才發現有多不一樣,我跟孩子講:「他們印尼幣的面額很大,零特別多,但是幣值很小,你看我們花了一百多萬,並不是到大餐廳吃超級大餐。」

我把印尼幣跟台幣的比率算給孩子聽,他們才知道有那麼大的差別,哥哥跟我說:「媽媽,這 6,000 塊錢的印尼幣你留著吧!」我笑著跟他說:「在回台灣前,你看到價值 6,000 塊印尼幣的東西都可以買唷!」

後來在峇里島的機場要回來的時候,他們很興奮的跑來跟我說他們看到很便宜,可以買得起的東西急著帶著我去看。

我就在想機場怎麼可能會有很便宜的東西呢?

去到那裡以後小朋友跟我說:「媽媽,你看這才 12 塊。」

我請他看清楚上面寫的是美金。

孩子驚訝的說：「美金！不是印尼幣！」

我說：「美金因為是強勢貨幣，所以很多國家也接受美金支付，它不一樣的是，幣值很大、面額很小，美金正好和印尼幣相反。」

哥哥算一算發現，如果換算印尼幣的話，也是不能買。

他們在這次的旅行中，沒有買到他們想要的東西。但在這旅程中，我們和孩子留下了很特別的回憶，並不是只有去拍照，我們還有跟其他國家的人接觸，出國真的都會學習到不同的東西。

感受物價並認識幣值　　　　　出國時的觀察及回國後的紀錄

在我們帶著孩子和當地其他遊客聊天的時候，我們認識了一對從瑞典過去的夫妻，我們在詢問他們在峇里島待了多久，他們說待了一個月。

我們問他們說：「你們怎麼可以待這麼久都不用工作、孩子也不用上課嗎？」

他們回答我們：「上課一定真的要在學校嗎？我們實際在這裡一個月的生活，深入認識這個國家，認識這裡的物價、文化，體驗和自己成長地理環境和這裡的不同地方，我們不只是透過書去看，而是真的去實地去看，去觀察他們的不一樣，這不是學習嗎？」

他們在這裡深度旅遊一個月，在當地學習的物價、

生活、文化，沒有比課本來的更深刻嗎？他們的觀念，讓我們很驚訝！當下讓我們驚覺自己的想法怎麼會這麼刻板？認為學習只能在學校？才意識到原來我們的想法被侷限住了，在我們的想法被侷限住的過程中，我們也侷限了孩子。

我們認同他們的想法，「學習不會只有在學校！」而且由父母帶著孩子從生活中學習，其實會更深刻

我們頓悟，學校的老師可以給孩子學習的深度，但是學習的寬度只有父母可以給，老師是沒辦法的，老師是專精一個點、一個題目，但如果要跟他們一樣，我們應該要當一個可以幫孩子從點延伸線和面的父母。

6-4

親子旅遊觀世界

【香港之行】

上一次的峇里島行任務中，哥哥總是比弟弟更快完成任務，過程中弟弟有些挫折感。為了讓更多家長也跟我們一起帶著孩子從觀世界中共遊共學，我們設計了「親子觀世界」的共學遊學課程，我們告訴家長規劃這個課程的初衷，下一次預計帶孩子們去香港玩，歡迎想要參與的家長帶著孩子跟我們一起去，但在出發之前我們全部的人都要先上課。

課程的中文部份，是由阿布老師(老公)介紹，從不同的面向介紹香港，我們帶孩子認識香港的文化、地理、

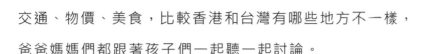

交通、物價、美食，比較香港和台灣有哪些地方不一樣，爸爸媽媽們都跟著孩子們一起聽一起討論。

英文的部份由我跟外師一起引導，我告訴孩子們出國的時候，要去配合當地人使用的語言，但不是每個國家的語言我們都會，而英文是普遍外語接受度較高的語言，這也就是平常學英文可以用到的機會囉！

我們幫孩子們做登機證、還要拿護照 check in，讓孩子模擬出國坐飛機前都要先通過海關出入境，要拿護照蓋章，而且需要跟外國人應答問題，表達自己的目的，完成後拿著登機證去找座位，所以他們就真的要拿著行李跟護照跟扮演通關人員的外師報到，去找尋他們的位置。

教室也模擬座艙機位，孩子們找到自己的座位後，外師會真的像空服員一樣示範安全帶和緊急逃生的注意事項，孩子們完全進入情境，坐好期待外師推餐車來問他們要點什麼？

我跟孩子們說：「會跟空服員點餐的小朋友都可以吃到餅乾，喝到飲料。」

所以想吃的孩子就會先舉手，主動跟外師互動，因為敢開口講英文就有東西吃，不開口就只能看別人吃，孩子們為了吃餅乾喝果汁，全都願意開口，一開始害羞的孩子也會發現，其實開口講英文沒想像中那麼困難。

透過這樣的方式，孩子們從登機、要求客艙服務，之後模擬餐廳要餐具及點餐，我們還有問路找地點任務，完成任務就可以跟我領代幣，跟外師買冰淇淋，每一個關卡、每一堂課都有一個動機誘發孩子跟外師互動，各個活動關卡有不同的東西，小朋友先去參與就可以先拿到自己想要的東西。

我發現孩子有了足夠的動機，也會願意要求自己去爭取、自己去發言，讓孩子發現學了英文，就是用在這個時候，只要開口就有，雖然面對的是外國人，可是具備溝通的能力就不用害怕，透過另外一種語言，孩子都可以做到自己想要做的事。也發現英文是很棒的工具。

行前的美語體驗課-拿登機
證搭飛機

模擬在餐廳跟外國人點餐

　　於是「親子觀世界」的課程就是這樣子用中文跟英
文輪流來上，我們希望孩子在出國前就對香港有一定的
了解了，在一起上四堂課後，我們就一起準備出發去香
港了。

在去香港的路上我跟所有的孩子們說，我們會分組，大小孩一組，小小孩一組，而且各有不同的任務，完成任務的小朋友我會請媽媽給他們一人各 20 塊的港幣，我們家哥哥聽了就問我：「請問港幣的幣值比台幣大嗎？」家長都很訝異他們會問這麼專業的問題，我告訴大家透過旅遊，他知道印尼幣及美金幣值和面額的差別了，有了上次的經驗，所以他會對港幣的幣值感到好奇。在我教他怎麼換算港幣之後，他滿意的點點頭，跟著鼓勵小朋友一起完成任務。

任務中除了要看看阿布老師跟我們分享的是不是都正確，還要看看有沒有阿布老師沒講到的地方，途中我們還一起去逛菜市場，孩子們發現香港的物價普遍都比台灣高，我們還在超市中進行了比價任務，我要孩子們去找同品牌台灣有賣，香港也有賣的產品，像是品客洋芋片，孩子們發現一樣有賣的東西香港賣的比較便宜。

我問孩子們：「為什麼他們的消費比較高，但是一樣的東西有些却賣的比台灣便宜？？」

孩子們給了我很多天馬行空的答案。

　　我告訴他們有些東西會比台灣便宜是因為「關稅」，孩子們在這個過程中學到了學校無法連結生活經驗的知識。

　　回台灣後我們還有一次聯誼分享，讓孩子回顧旅程中印象最深刻的事情跟大家分享，他們還一起把學到的用畫畫和文字記錄下來。家長也從跟著孩子共學共遊中一起建立最難忘的回憶。

出國必逛的菜市場

自己買車票搭地鐵

從日常消費中感受到不同的物價

孩子期待的丁丁車

學伴讓孩子有自組討論的對象

親子觀世界遊學團-香港行

6-5
自助親子旅遊觀世界

【日本之行】

　　帶孩子第一次的自助旅遊是去日本，有精通日文的哥哥嫂嫂是很幸福的事，因為沒有自助旅遊的經驗，有他們常去日本旅遊的經驗幫我們打點了最重要的住和交通的問題，也讓孩子們見識到多會一種語言就有更棒的溝通能力，以往的旅遊經驗會幫助我們更知道如何自己規劃行程，哥哥嫂嫂的陪伴和協助讓我們和孩子都敬佩又感謝。

　　在旅程中我一樣讓孩子和我一起用心觀察日本和台灣的不同，再一起討論。

　　我發現日本的熟齡就業人口偏高，而且可能也是因為他們原本的生活自理要求高，所以他們的自我照顧能力都很好，加上他們的長照福利也很好，比較偏鄉的地方是醫生走進去家裡就看診，感覺上他們的熟齡人口對自己的生活都有一定的安排，不管是在經濟獨立或是生活品質上，都有自己的想法及規劃。

◆ 教養方式的特別之處

　　在小孩的教育上也比較偏獨立的養成，在公園看到孩子們玩耍時，媽媽通常是坐在一旁，不會都在滑手機，而是看護著孩子跟媽媽們聊天。

　　我看到一個小女孩因為溜滑梯滑下來跌倒，哭著找爸爸，爸爸坐在一方對著小女孩招招手，要她過來，雖然我聽不懂他們在講什麼，但爸爸講了兩句話之後,，小

女孩靜靜的看著爸爸，再看向公園，接著又快樂的跑去繼續玩耍。

在公園裡孩子們都能夠很有秩序的玩耍，偶爾會有孩子跌倒哭鬧，但是家長們總是讓孩子面對自己的情緒調適後，自己決定要不要繼續玩，感覺上我們似乎常常把孩子的情緒放大，因為我們很容易隨著孩子反應去放大處理，所以孩子們沒有太多面對自己情緒的機會跟學習快速調整情緒的方法。從這些小細節可以看到我們教養方式有很大的不一樣。

◆ 閱讀的習慣

日本人普遍的閱讀習慣都比台灣人好，在地鐵或者是動車上，幾乎在每一節車廂都會看到有人在看書，我發現他們很喜歡用特別的書套包著他們閱讀的書，或許是一種愛護書的習慣，也是一種保護自己的隱私或者是展現一種個人風格的方式。

　　讓我很感佩的是在這麼擁擠的動車及地鐵車廂上竟然可以保持安靜，不會有人喧鬧，就連閱讀報紙的人都會自動把報紙對折，從很多小細節自我要求以不影響到別人為主。

◆ 服務敬業的精神

　　東京迪士尼是一個會讓人感動的地方，因為它的設計及氛圍和環境，跟所有的服務人員都讓人覺得細膩又溫馨，雖然排隊要排很久，但我不得不感佩他們工作人員非常精實的工作效率。

　　最讓人驚訝的是在這麼緊湊的工作環境下，他們要面對這麼多的人，卻永遠都能夠保持著親切又熱情的態度，而且是每一位工作人員都一樣。

　　在去迪士尼樂園的過程中還有一個小插曲，我們在車站拿到線上訂購的迪士尼門票，要孩子自己拿好，在到入口處準備進去驗票時，發現哥哥的票遺失了，他趕

緊往回跑去尋找遺失的門票，我也隨後在後面跟著他看他的反應，感覺得出來他很自責，雖然我們很仔細的找過了，但還是找不到，回到驗票口，看到爸爸、堂哥堂姐和弟弟在那邊等，哥哥去跟他們道歉，因為他知道由於他的疏失沒有把票放進包包，讓我們多花一筆門票費用，還讓所有的人一起等他。我們沒有責備，只有要他思考這個意外讓他學到了什麼？後來，哥哥弟弟在搭車時都會互相提醒，車票有沒有收好。

◆ 生活學習與社會競爭力

在去「築地」逛魚市的時候，有一個老爺爺拿著菜單跟路人介紹他們的餐廳，老爺爺很快辨識出我們是觀光客，用英文跟我們交談，發現哥哥會講日文，用日文跟哥哥交談時知道我們是台灣人，馬上用中文跟我們說他們的餐廳便宜好吃，看著他自然的用不同語言跟我們交談，我好感動，也讓孩子們很驚訝，連老爺爺都會不止一種語言，我們真的要加油。

　　我們一樣會從生活消費中觀察當地的物價，甚至去注意當地的工資。孩子發現日本的工資和台灣相比高很多，但是物價也高很多，在東京的平均工資及物價和在台灣的台中相比，生活開銷的壓力是更大的。這些是我跟孩子從觀察中認識的日本，從中我讓孩子去思考，他們有沒有辦法具備可以在不同國家生活的技能，他們學哪些東西，具備哪些能力是可以帶著走的？如果以後在台灣的工作選項不是他們所喜歡的，他們有沒有辦法在不同國家找到其它的可能？

　　這是我們引導孩子用更長遠及宏觀的方式為自己的人生思考的方法，從觀察的感受中去建立學習及努力的動機。

6-6

沒有教材的學伴英語活動課

　　我喜歡孩子體驗情境式的學習，像我們的學伴課程也是一種活動課。

　　我們在規劃學伴課程的時候，會將英文融入在其他不同的遊戲和活動中，讓孩子們更有開口的意願，也藉此讓小朋友更加深刻，因為學英文也能豐富生活經驗。

　　所以我的英文課沒有教材，就是孩子喜歡什麼我們就一起做什麼，像近期很流行玩桌遊，孩子們喜歡桌遊，我就教他們用英文玩桌遊，甚至設計結合生活主題單字的遊戲，他們喜歡自己動手做東西，我就用英文教他們

做小書及節慶手作，每個月一次英文烹飪課，在很生活化的環境狀態中自然得到啟發，這是我們上課的方式。

我們也會用演戲的方式，把英文融入在故事話劇表演課程，從故事聆聽、話劇劇本發想到道具製作及角色扮演，我們會把孩子們演英文話劇的彩排過程拍下來，攝錄的過程是讓他們可以感覺真的是在演戲，他們會很認真看自己和學伴們在影片中的表現，討論修正，學期末會請家長們來看孩子表演，再把他們演出的影片放在 YouTube 上，他們會有一種「自己真的是小明星」一般的成就感。

這種用演戲學英文的課程，能夠達到更好的學習成效，孩子們看到自己在舞台上的表現之後，會希望下一次自己可以表現更好，他們會自我要求把台詞唸順，於是自然產生正循環，幫助他們學習的效果更好！

很多家長對於改變教育方式和多元教學的意識愈來愈認同，他們知道面對孩子將來的發展我們不能夠只是把以前的學習經驗，用同樣的方式來教未來的下一代，

所以我喜歡情境式的學習，從演出不同的情境練習中幫
助孩子輕鬆記得故事中所扮演的角色和反應是什麼，當
孩子會自然反應的時候，在日常生活裡碰到相同的情境
也會自然運用出來。

孩子參與演出時會主動去想：「我想記住這句話怎
麼講，我要去看劇本。」

到後來他們自己會知道：「故事情境裡的英文如果
我講得很順，生活上都用得到。」這才是在學「語言」
而不是在學「科目」。

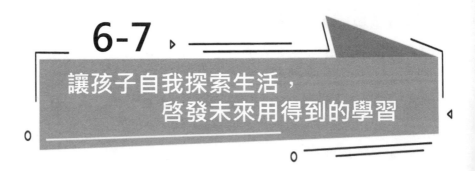

我妹婿的朋友是一個影評人,他的英文也是靠自學,因為他們家是錄影帶出租店,很喜歡看英文影集的他,沒有去學英文,他看英文影集自學,自學到採訪安潔莉娜裘莉的應答都沒有問題!

所以學習語言其實有很多的方法可以多元嘗試,但學校的教育是用最快可以評定成效的方法,看你會不會讀、會不會背、會不會寫……,所以我們被訓練出來的常常是考試的能力,努力拿到好的分數,但並不喜歡英文,因為很少人在學校畢業後,沒有壓力迫使要考試或參加

檢定的狀況下還會喜歡背單字寫考卷。而我相信這不是
教育最重要的目的。讓孩子有"學完"的一天。

　　就像那個影評朋友，如果不是因為喜歡看英文影集，
也不會擁有訪問外國影星的口語能力？所有能力的養成
都要時間持續的累積，並有熱情才會願意持續。即使只
是從影片之中學習到印象深刻連結生活情境的對話，如
果沒有時間及熱情從點帶到線延伸成面，它都不會變成
帶得走的能力。所以透過提昇口說或閱讀頻率去加深印
象，不一定要讓短時間背誦讀寫的壓力倒了孩子學習英
文的胃口，在 AI 世代，學習的方法更多元更隨手可得唷！
像網路上的 VoiceTube 就有很多用影音刺激孩子學習英
文的免費學習資源。

　　以我自己的數學來說，可以說一輩子都沒有很好，
可是不見得我一定要具備很優秀的數學能力我才能做些
什麼，或是我的數學不好我就什麼都不能做，如何讓孩
子體認到數學的基本能力好壞會直接的影響到生活的便
利性，讓孩子從生活中建立學習動機是更重要的事。像

是弟弟小三時不想背九九乘法表，我就用玩遊戲的方式跟他互動，帶他去超市採買時問他計算的問題，如果一排養樂多有六瓶，如果我想要買 4 排一共會有多少罐？如果用小豬撲滿的銅板付錢，9 個 5 塊錢夠不夠付一瓶 42 塊的優酪乳？在他體認到這是生活能力後，他很開心的跟我玩了幾次我設計的九九乘法遊戲之後，他就全部背起來了。

但如果孩子天生在學習數學方面必須要花很大的力氣，那就不要花全部的力氣只學數學，把時間花在他更擅長的部份，先具備基本的能力，找到自己的學習亮點相較是更重要的事。

一個數學常考 60 分的孩子和英文考 95 分的孩子，通常家長會選擇讓孩子去加補數學，但我會讓孩子去加強英文，讓他的英文能力遠遠超越同儕，英文就會是他的亮點，因為去補數學可能會幫助他進步到 75 分，但他不會有自己英文的亮點，而數學也不是最突出的。

但反之如果是英文考 60 分，數學常考 95 分，就別

再叫孩子死背單字了，把時間花在介紹航太科技和程式語言……都需要數學能力，提昇孩子想挑戰高階數學的動機。

我希望從教育的過程中帶著孩子了解學習對他們未來的實質幫助，並發現自己擅長的領域在未來工作上的定位。我不希望我們用傳統的教育讓他們在小時候的學習黃金期都只去學相似的技能，並普遍地期待孩子們將來都成為工程師、醫師、會計師、律師，我相信未來會有更多的能力需要被孩子探索及培養出來。我期待他們可以透過學習得到更細膩的觀察，有更多元的思維加上執行的恆毅力及逐夢的勇氣，希望孩子飛翔，要先給他們一雙翅膀！

Part-7
親子共學生活財商

7-1

不一樣的生日，
給孩子體認金錢有意義的用途

　　親子之間在日常中就可以落實生活教育，因為不一定什麼都要仰賴學校老師的協助，也沒有一定要透過上課才能學習，我會藉一些特別的日子為孩子做機會教育，像是孩子的生日。

　　我跟孩子說：「過生日，不能只期待收到家人送的生日禮物，因為那天是母難日，所以應該是你們要送我生日禮物，但我不是要物質的東西，我希望你們可以靠自己的努力去幫助別人當作送我的禮物！」

孩子問：「可是那要怎麼做？」

我說：「你生日奶奶有送你一個紅包對不對？」

孩子回答：「對。」

我說：「你思考一下可以用紅包錢做什麼事情？」

當他不曉得該怎麼辦的時候，我就說：「我們可不可以來義賣？」

孩子問：「可是要賣什麼？」

我說：「我們義賣吃的東西會需要買些食材，可不可以拿你的紅包錢來採買？」

他們說：「好！」

因為那又是一件可以玩的事情，只是在製作的過程失敗了，因為我不是很擅長烘培，所以變成賣相不是很好的餅乾。

哥哥和弟弟問：「沒有餅乾怎麼義賣？」

後來我們決定去買現成的台式馬卡龍回來再自己包

裝，自己做海報，去義賣。

　　我記得我們賣了 3,900 元，全部捐給伊甸基金會，所以收到伊甸基金會寄來的紀念年曆時，我告訴孩子們我以他們為榮，因為他們靠自己的能力去幫助需要被幫助的小孩。

　　孩子從這個經歷發現金錢的另一個價值，是從公益回饋中才能感受到的。

孩子的生日是媽媽的許願日，要靠自己的能力去助人，為伊甸基金會義賣

7-2 公益教學，由孩子體驗負責一週家計

去年暑假我們帶著孩子去偏鄉學校做公益教學。

我跟孩子說：「我們來這個特別的學校跟小朋友們做美語故事話劇教學，我們這一週會住學校，睡在學校圖書館，你們要在爸爸媽媽上課前做好早餐，我去上課時你們要洗衣服、晾衣服，完成後可以去操場運動或在圖書館看書。」

因為他們學校就只有上半天課，所以下午的時間相對是我們陪孩子的時間，我們就一起深度探訪雲林，公

益教學的第一天我跟孩子說：「這禮拜的支出都由你們決定，有五千塊的額度，不管吃什麼一定要讓我們四個人每一餐都吃飽，你們可以決定要吃什麼，但是五千塊不能花超過，沒花完的錢，都給你跟弟弟存起來。」

我提醒他們：「雖然你們可以自己做決定，可是你們要記帳喔！」他們覺得很開心。因為五千塊感覺起來很多，前二天都控制的很好，但第三天就有些失控，他們開始緊張，因為還有二天要撐，而他們都希望多存一點錢。

記得弟四天我們去全聯採買做早餐食材的時候，爸爸看到統一麵就說：「我們今天比較早回去，可以用電腦看電影，要不要買統一麵我們一起吃！」

小孩就說：「不行，那是『想要』不是『需要』，請放回去！」

爸爸就說：「真的不行嗎！」

接下來又說：「欸～那個可樂在特價吔！我們可不

可以一人買一瓶回去,慶祝我們公益教學很順利。」

孩子說:「不行!那是『想要』不是『需要』,請-放-回-去!」

他們會去拒絕爸爸『想要』的請求,爸爸被拒絕雖然有點小難過,但很開心看到孩子們開始判斷思考了。

五天結算後他們一人只拿到了 75 塊,可是有一個很明顯的差別是,他們對於家裡頭的開銷已經有大概基本概念了,了解我們一家四口一餐花費大概是多少,他們發現平時要求吃鐵板燒、吃火鍋的花費常常是一兩千塊的時候,反推這些金額可以讓我們吃 4 到 5 餐了。也因為對錢有概念了,所以他們會知道不能想要什麼、就要什麼。他們自己會去取捨,也變得很好溝通。

幫媽媽洗衣服也是協助公益的一種　　　　一週家計記帳表

　　但是大部分的孩子對錢的概念並不具像也無法量化，於是就會抱怨......「為什麼我要你不給我？」、「我就是想要選我想要的！」......這是因為他沒有辦法去理解金額大小的不同，從表面上看大人自己不停在花錢，又不給小孩，孩子不能理解花錢真正的目的，會覺得是不是大人捨不得給，於是在金錢消費方面的親子溝通也就會產生誤解。

　　尤其是在金錢數位化的時代更是很大的問題。之前去大陸教學就有一次在商城看到一對母女在爭執，女兒不知道要求媽媽買什麼，媽媽不肯，孩子一直跳針似的

跟媽媽要求：「你就拿手機用支付寶掃一下碼就好了，為什麼不肯呢？」孩子完全對錢的來源是父母用他們的體力、專業及時間交換而來的概念是不了解的，只覺得手機掃碼完就可以帶走想要的東西。

在台灣也有遇到類似的問題，有一個私立學校的孩子跟媽媽要求要參加暑期美國 NASA 遊學，學費要 20 萬，媽媽問我該怎麼跟孩子溝通。

我問孩子：「你有沒有吃過麥當勞的快樂兒童餐？」

孩子：「有啊！」

我：「一份快樂兒童餐有什麼東西？」

孩子：「有漢堡、薯條、可樂還有一個玩具。」

我：「你知道一份快樂兒童餐大概多少錢嗎?」

孩子：「不知道！」

我：「將近 100 塊左右，美國 NASA 遊學的學費要 20 萬，20 萬可以買超過 2,000 份快樂兒童餐，所以可以買 2,000 個漢堡、2,000 份薯條、2,000 杯可樂還有 2,000 個玩具，應該可以放滿教室了。所以你覺得 20 萬是大數

字還是小數字?」

　　孩子:「這麼多!原來媽媽說學費很貴是這個意思啊!」

　　孩子需要透過平時的生活教育連結消費經驗,才能量化對金額的概念,並學習評估不同消費是「想要」還是「需要」。

　　財商教育的面向不單只是儲蓄、投資,我們從生活上帶給孩子的學習其實是很多元的,這種生活體驗學習也幫助孩子能夠自己思考!

清境國小公益教學

雲林重光國小當教學志工

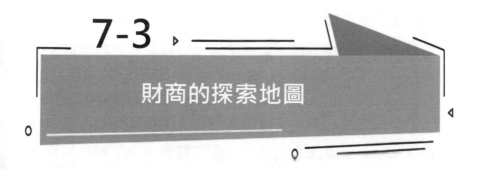

7-3
財商的探索地圖

　　親子關係的培養很重要，這一直是老生常談的問題。孩子是需要父母親陪伴的，可是現代大多數的父母親，特別是雙薪家庭的職業婦女會面臨一個現實的問題，就是「我要上班！我沒有空！」、「我必須要賺錢，如果沒有賺錢，這些都是白講！」

　　我去思考一個問題，如果能夠讓大家提早學習財商，讓他們有機會讓自己的能力變得更不一樣的時候，收入可能不只有薪水，就不必為了追求唯一收入來源的薪水

而把自己長時間綁在職場，我們可以多一點彈性，可以有不同的取捨和選擇，有時間可以回歸到我們的家庭，可以陪孩子做自己想做的事。

學習財商之後，會有很多的方法可以讓我們的生活做改變，但就是因為很多人在學習歷程中少了財商教育這一塊，所以就只能遵循上一代教我們努力工作存錢的方法，永遠用單一方式獲得收入，不知道可以透過財務規劃及資產配置的方式讓錢可以自己運作帶來其它現金流的可能，為了穩定獲得單一固定收入，就只能把家人需求放在工作後面的選項了。

但我們都沒有去思考有沒有其他的可能，讓我們有不同的收入來源，如果有！我們陪伴家人的時間就能變多，不要總是一直像陀螺一樣被工作拉著一直轉，很有可能我們就會帶著很多遺憾，自己沒有留下太多跟家人特別的回憶，或是替自己做什麼......這都是很可惜的事情，我相信我們都是來體驗美好人生而不只是體驗工作的。

學習財商讓我們的生活多了不同的選擇權，如果家長也學習財商，未來可以陪伴孩子的時間可以變多，生活品質會更好，如果也讓孩子可以從小學習財商，那麼孩子可以比我們更早知道未來他們要做什麼，他們可以提前找到他們支撐生活的後盾、提早體驗他們豐盛的人生！

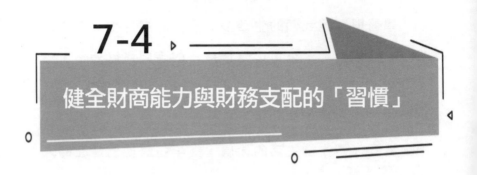

健全財商能力與財務支配的「習慣」

很多人對財商的印象都聯想到股票的 K 線圖、期貨及房地產......，所以聽到兒童財商會覺得很納悶。現在的孩子要學的東西還不夠多嗎？那麼早學這些會不會變得很勢利，很會算計？現在只要把課業顧好，理財的事長大就會了。

在我們每次開成人財商講座的經驗中，下課後都會有學員來跟我們說：「我現在才知道一直以來我的理財的概念都是錯誤的，難怪我怎麼理都不會有財。」

真的，很多觀念不會長大就知道，當你長大才學習自己管理金錢，你的理財經驗值並不會和你的年齡成正比，而你已經在面對支付更大生活開銷中無形地消耗你可以存的錢，甚至是你有機會多賺到的錢了。所以提昇理財經驗值真的要從小開始，從理小財的經驗培養之後可以理大財的能力。

巴菲特曾說：「如果你要到中東找石油，可以直接跳過以色列吧，但是如果你要找人才，勢必要從以色列下手。」

世界上猶太人的數量大約有一千六百萬人，占世界總人口的 0.3%，但自諾貝爾獎設立以來，22%的得獎人都是猶太人，這個比例是其他民族的 100 倍。在全世界最有錢的企業家中，猶太人占近一半，高盛、所羅門兄弟等著名金融公司都是猶太人創建的。美國華爾街的精英中有 50%是猶太人。猶太家庭很重視培養獨立思考的能力、溝通交際能力、負責家務能力、時間管理能力，最特別的一樣是賺錢及理財能力。

在芬蘭，理財教育從兒童時期就已開始。家長們一方面在日常生活的點點滴滴中灌輸給孩子節儉和不攀比的生活理念，另一方面也通過零花錢的儲蓄，培養孩子自主理財的能力。

荷蘭人十分重視對孩子從小理財意識和金錢觀念的培養！家長們很早就給孩子開了自己的銀行帳戶，並引導他們如何正確獲得、管理和使用金錢。理財教育的核心包含「前途規劃」。前途規劃能使孩子對自己未來所從事的職業懷有夢想，也是教他們如何賺錢不可缺少的主題。

所有優秀的教育都在強調理財教育及思考能力養成的重要，所以臺灣也在 100 學年度將理財教育納入教學課綱。但在體制內學習理財，並不是當生活教育在落實，而是把它和學科結合。所以孩子很難從學校教育中瞭解財商對他們真正的幫助，及怎麼把學習到的內容融入在生活中。因為以前老師的老師也沒有教。

我們會讓孩子了解我們的工作，我們如何獲得我們

的收入？及平時的家庭開銷，並引導孩子去思考未來他們想做什麼，他們想過什麼樣的生活，如何讓自己具備可以過理想生活的能力。要靠勞力還是腦力？

記得之前在網路上有看到一個很優秀的老師帶著孩子去寫下自己未來要住多大的房子、開什麼樣的車，孩子們都很開心的寫下有游泳池的別墅、百萬名車，接著老師要他們去計算這些加起來要多少錢，孩子計算完的金額幾乎都破千萬，老師拿出報紙的求職欄給孩子找他們未來可以做的工作，平均薪資大概多少，孩子都嚇一跳，自己的能力和想要的生活有那麼大的洛差。

這是一個很棒的學習刺激，因為它讓孩子提早去思考有沒有提升自己能力的可能，或是先調整自己對想要的標準。

同樣的事在我們去偏鄉教學時也做過，但我們進階要孩子們去計算家裡平時的開銷，從一張開眼刷牙洗臉用的水費、廁所開燈的電費、媽媽做早餐的瓦斯費，開車載我們去上課的車要油錢、保養及牌照稅及燃料稅和

停車費，家裡的房租、電話費、網路費……算完孩子才發現原來爸爸媽媽平時為了自己的家，要提供他們的日常生活所需有多努力。

我們要孩子去思考他們在家裡是扮演資源的索取者還是提供者？孩子驚覺自己似乎是家裡資源的索取者，我問他們如果要減少爸爸媽媽的負擔，他們可以做什麼？很多孩子就開始說：「記得關燈、關水」、「幫忙做家事」、「不亂花錢要存起來」、「去打工」……

其實這都是財商教育中的一環，強化對錢的感受力並從生活中去思考如何去計算及規劃以及感恩。

7-5

做金錢的主人－掌控金錢或被金錢操控

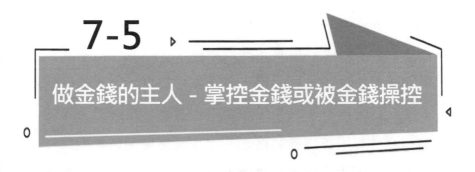

　　猶太人從小培養孩子賺錢及理財規劃能力，感覺很天方夜譚，小孩怎麼賺錢？但「量子基金」創辦人之一吉姆‧羅傑斯五歲時已開始販售花生賺錢，華倫‧巴菲特五歲就在祖父經營的雜貨店擺地攤兜售口香糖了，從賺到的錢中去學習理財造就他們對錢的敏感度及財務規劃能力遠比同年齡的孩子起步的早。並不是鼓勵父母要孩子從小就出去賣東西，而是可以讓孩子提早從運用金錢中學習當錢的主人。第一步可以從落實分擔家務中培

養責任感,哪些是孩子可以做,也該自己做的事,我們千萬不要代勞。因為責任感的養成不是一天兩天的事,當孩子對家庭產生認同感,他們就不應該只是資源的索取者,而分擔家務是孩子發揮自己產值,成為提供者的第一步。有了責任感的概念,可以再進階到領零用錢,記得要先跟孩子溝通,不是有領零用錢才做家事,不領就不用做家事,零用錢是我們想要鼓勵孩子培養自己駕馭金錢的能力而給的肯定作法。一旦沒有達到預期的表現,就會像大人上班表現不理想被扣薪水一樣甚至留職停薪!也因為有了零用錢,他們所有想買的東西都是自己實支實付了。

我們會給孩子三個分儲蓄、消費和公益的撲滿,拿到的錢分固定比例的放到這三個撲滿,而這三個撲滿各有不同的功用。儲蓄的撲滿是不可以任意拿取的,它是存到滿才能取出用在規劃很久,有計劃性的花費。而消費和公益撲滿就可以選有蓋子可以隨時取出支出的。當家長和孩子有共識只提供孩子生活所「需要」的,「想

要」的要自己存錢去買時，孩子才會懂得珍惜，要不然很多父母都變成了孩子的提款機。當我們在怪他們不惜福、太浪費時，可能沒思考到其實是我們給的太多。

零用錢除了例行性的家務分擔可以從小金額固定發放之外，有時候非常態性的任務也可以給孩子零用錢，但不一定都只能給錢，也可以給他們支配一筆金錢的權利。有一次我要孩子們陪我一起年終大掃除，要打掃的範圍變大，時間又拉長為整天，我跟孩子們說，今天的大掃除會很辛苦，需要他們的幫忙，為了感謝他們願意全力協助，晚上我會給他們 1000 元餐費，他們可以決定全家吃什麼，花剩下的錢他們可以存起來。帶打掃的過程他們偶而會手痠而放慢速度或吵著要休息，但我都會問他們晚上我們要吃什麼？他們一開始討論就又很認真投入了。孩子都是需要鼓勵及動力的，他們也很開心的堅持到任務完成。我和爸爸很開心的是，孩子們決定一起去吃鐵板燒，因為大家都很辛苦，雖然他們沒有因此存很多錢，但有能力給予時，他們會想到我們。

從肯定中長大的孩子最大的資產是自信，相信自己可以成為資源的提供者

7-6

為孩子植一顆溫暖的種子

　　我喜歡閱讀，所以常常會跟孩子分享我看到的書，像陳慧潔的「有了夢想，然後呢！」，沈芯菱的「100萬的願望」她們都是從小就開始做公益，發揮自己的影響力以生命影響生命的態度在過每一天。

　　我也會分享在網路看到的故事，像五歲就開始幫助非洲小孩的蚊帳大使-凱瑟琳，及六歲就開始為非洲挖井的萊恩以及九歲發起種樹運動的芬克拜納，他們都會從看到不同需要的角落而去思考自己能做什麼，並付諸行動去執行的小朋友。對他們來說金錢的意義不只是買想

要的東西，而是它可以拿來幫助更需要的人，甚至形成善的循環。而且並不是捐最多錢的人才表示最有愛心。

陳慧潔的書上有提到，在幫急難家庭募款的過程中收到了靠撿回收維生老奶奶的 20 塊，和穿西裝打領帶的紳士捐 2000 塊，雖然金額不同，但是老奶奶帶給孩子們的感動是更深層的，力克‧胡哲說過：「無論你能付出多少，請記得小小善行和巨額捐款一樣有力，光是改變一個人的生命，你就有很大的貢獻，因為一個簡單的善念會產生連鎖反應。」華倫巴菲特和比爾蓋茲及馬克‧祖克柏都是巨額捐款的企業家及慈善家，他們的成功不只是他們賺很多錢，而是在提供更多人工作機會中也幫助到需要被幫助的人。

在他們從生活中接受到這些訊息時，我也帶著他們去思考自己能為別人做什麼，所以公益撲滿常有用到的時候。我希望他們能從中感受到善用錢的價值去幫助別人，能為他們帶來的快樂遠超於物質帶給他們的短暫滿足。

7-7

師資培育教學合作與傳承

　　用故事和表演互動方式教學是我們一直持續在做的事，我們在教學的歷程獲得的不止是維持生活的收入，也給我們不同的自我認同及成就感，這種感覺只有我們倆知道，為了讓每次上課的孩子都能充滿期待且開心的下課，我們故事表演的主題教案有到 100 多個，道具量之驚人真的到可怕的地步。

　　我們先是從劇團演出到後來轉變成做故事話劇，在劇團演出的時候我們是一整年一齣戲由孩子演，後來做故事話劇的時候是每一個禮拜有不同的故事，每次大概

都 40 分鐘到一個小時，就由我們兩個人帶戲，小朋友可能是第三個角色，在看我們倆演出時，同時和我們一起參與故事中的互動，過程中邊玩也邊上課，也是因為這樣，所以在課程比較密集的時候，我們可能一個禮拜要同一個故事講 20 遍。

　　目前我們也把學童的財商教育帶進來，我們會開財商的課程跟英文故事話劇課程，但是我會比較希望這個故事話劇的活動課程以後是由生力軍來上，我有設立一個粉絲團叫『**大嘴鳥故事話劇**』，之前我們有去圖書館帶活動，還有記者來採訪也上新聞，有些是家長來上課幫我們側拍，放在部落格裡面，對很多小朋友來講，媽媽可以看到孩子上場表演都會很開心，雖然家長們並沒有辦法馬上就可以看到這些孩子們在台上的表達是真的很溜很順的英文口語或是很自然的肢體展現，但這個演出的方式是很原始、很單純的自然表現互動，而對家長來講，其實也不是期待孩子表演的多棒，內心的滿足是可以看到孩子開心的在台上參與表演活動。

話劇是最有趣且融入生活情境的英語學習

　　我們現在的工作目標和重點的對象，是想要訓練老師，我們希望找到一批生力軍來學這樣的教學，我們想透過教學分享把教案分享給有相同教學熱忱的老師，我們也會把我們之前建立的教學通路分享給需要舞台的老師，讓更多老師一起參與我們覺得很棒的教學。我們更希望從過程中有更多老師可以一起跟家長去分享我們的教學理念，未來也會有更多像我一樣的人一起教爸爸媽媽們自己教孩子從生活中學英文。

帶著媽媽們一起做繪本學英文

　　致力於故事話劇的教學，需要有熱誠去持續，因為教學讓我感到快樂，所以我可以承擔每週變出不同故事課程的教案及教具的壓力，因為熱情與投入，曾經做到場次接連不完，有好一陣子我們一個禮拜要教將近 200 個孩子，從早到晚平均一天都要上 5-6 個班，後來也做到身體負荷不來，有一次感冒，一個整禮拜都沒有聲音，因為喉嚨耗損的太嚴重了，於是這給了我一個提醒，提醒我要做個調整。

　　剛開始做故事話劇的時候，是熱情支撐我的，而讓我發現我必須做調整的原因，是我們發現自己不再年輕了，如果永遠都在賺鐘點費，到 60 歲的我們還有這份熱

情和體力嗎？ 如果我們不想放棄用心規劃的故事話劇教學，就要去找合適的老師來學習並傳承，另一個可能就是去找到一個較好複製教學能力的教學方向，讓我們可以不用變成 60 歲還要揹著道具為了鐘點費而去上課的 "老" 老師。我們在思考的過程很堅持的是，新的教育方向，一定還是要契合我們原本的初衷，一定要對孩子甚至家長有幫助的，最好可以親子共學。

在那段時間我們很開放性的去多元學習，當我們學到財商時很驚訝，這麼重要的能力如果我們可以提早學習，我們會有能力做更多想做的事，而如果孩子可以提早學習，甚至家長也一起學習，孩子的思維會不一樣，家長也會有機會學習建立創造不同收入來源的能力，不再被工作綁架沒時間陪家人。所以我們把新的教育方向放在財商教育，一樣落實我們結合生活及體驗式學習的概念。

我們在偏鄉做公益教學的時候認識幾位學校的代課老師，才知道很多代課老師在寒暑假是沒有收入的，甚

至因為少子化有很多老師變成了流浪教師,而願意在偏鄉教學的老師不多,有些偏鄉欠缺的不是物質上的支援,而是教學師資,但明明就有很多教學人力是欠缺機會的。

我們希望透過教學推廣建立一個教學平台,讓所有被忽視的教學面向及可以親子共學的課程被看見,讓老師們可以在平台交流互相學習,提昇自己更多元的教學能力,也讓家長能從中看到更多元的教學面向並有機會陪伴孩子共學,並讓共同參與教學的老師們有不同的能力去支撐他們的教學夢想,以後要做公益教學的時候不會只有我們兩個,可能會有更多的老師甚至家長能共同參與,慢慢建立一個善的循環發揮好的影響力。

一路走來的教學歷程,讓我們在跟老師分享教學時感受到不同於教孩子時的熱誠,因為讓更多年輕老師一起給孩子和家長更多元的教學,認同 Ken Robinson 尋找孩子學習天賦的教育理念,從陪伴孩子體驗探索中一起找到天賦是很棒的事。我相信年輕老師的體力和熱情對於孩子的幫助和影響力並不會比我差。以前我在學時

的學習歷程並不愉快，只有在參與社團表演及對外比賽時保有成就感，這也就是為什麼我會這麼重視孩子的學習歷程是否快樂，能不能維持學習的動機跟熱忱。

從以前在跑課教學的時候，我就給自己很大的使命感：「孩子的學習歷程中會遇見不同的老師，我可能是這個孩子美語的啟蒙老師！我要在上課的過程讓他們喜歡美語，在交給下一位老師時，我才算是成功交棒的！如果他在我這邊就很討厭美語，那麼表示我就沒有做好！」所以我會自我要求，一定要讓孩子喜歡我教的東西，絕不能夠變成一個只給孩子壓力的老師，相對的，我現在帶領老師的時候，也會希望能讓孩子們接觸到我們的老師時都會是他們真心喜歡的。

如果能夠透過教學合作，有一群老師及家長一起分享這樣的想法和不同的共學方法，那我們可以一起為教育帶來好的影響，會有更好的老師、更好的創意，可以串聯更多、更好的經驗給更多想了解的家長，也用不同的方向分享出去！

歡迎更深入了解我們的資訊～

追蹤我們的親子聯誼會，以及相關開課訊息

也歡迎各界之演講活動邀約！

★ 觀賞更多教學與課程活動之影片......

Google   心流文創教育   🎤 🔍

大嘴鳥故事話劇
領導力品格財商

 大嘴鳥故事話劇
@toucan.story

我們的 fb 粉絲專頁 (掃瞄 QR code) >>>

國家圖書館出版品預行編目(CIP)資料

學伴媽媽和玩伴爸爸的教養日記 : 啟發孩子心流
的親子共學 / 洪靜怡, 吳錫豐著. -- 初版. -- 臺
北市 : 智庫雲端, 民 108.01
　面 ; 公分
ISBN 978-986-95417-8-7(平裝)

1.親職教育 2.子女教育

528.2　　　　　　　　　　　　　107021095

學伴媽媽和玩伴爸爸的教養日記-啟發孩子心流的親子共學

作　　　者：洪靜怡、吳錫豐
出　　　版：智庫雲端有限公司
發 行 人：范世華
封面設計：劉瓊蔓
排　　　版：劉瓊蔓
地　　　址：104 台北市中山區長安東路 2 段 67 號 3 樓
統一編號：53348851
電　　　話：02-25073316
傳　　　真：02-25073736
E－mail：tttk591@gmail.com

總 經 銷：商流文化事業有限公司
地　　　址：235 新北市中和區中正路 752 號 8 樓
電　　　話：02-22288841
傳　　　真：02-22286939
連 絡 處：234 新北市永和區環河東路一段 118 號 1 樓
電　　　話：02-55799575
傳　　　真：02-89255898
版　　　次：2019 年（民 108）1 月初版一刷
定　　　價：300 元

I S B N：978-986-95417-8-7